掌尚文化

Culture is Future

尚文化·掌天下

2018 年度国家法治与法学理论研究项目立项课题（18SFB2020）成果

Criminal Law Protection of Data Rights

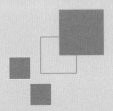

数据权的刑法保护

王铼 等 著

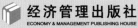

经济管理出版社

ECONOMY & MANAGEMENT PUBLISHING HOUSE

图书在版编目（CIP）数据

数据权的刑法保护/王铼等著．—北京：经济管理出版社，2023.11
ISBN 978-7-5096-9479-4

Ⅰ.①数…　Ⅱ.①王…　Ⅲ.①数据安全法—研究—中国　Ⅳ.①D922.174

中国国家版本馆 CIP 数据核字（2023）第 217956 号

组稿编辑：宋　娜
责任编辑：宋　娜
责任印制：黄章平
责任校对：蔡晓臻

出版发行：经济管理出版社
　　　　　（北京市海淀区北蜂窝 8 号中雅大厦 A 座 11 层　100038）
网　　　址：www.E-mp.com.cn
电　　　话：(010) 51915602
印　　　刷：唐山昊达印刷有限公司
经　　　销：新华书店
开　　　本：720mm×1000mm/16
印　　　张：11.5
字　　　数：176 千字
版　　　次：2024 年 3 月第 1 版　　2024 年 3 月第 1 次印刷
书　　　号：ISBN 978-7-5096-9479-4
定　　　价：98.00 元

前　言

　　数字经济时代，数字技术的发展使得数据的价值不断被挖掘，一跃成为社会基本生产要素之一，串联起各领域的协同发展。当代中国社会的数字经济发展不仅是一场日新月异的技术变革，更给生产、生活以及社会治理方式带来系统性的挑战与重塑。随着科技的发展，公民个体、数字经济企业、互联网平台和政府机关等多元化的社会主体都纷纷参与到这一场系统性的数字社会变革与重塑中来，数据、信息、隐私等交叉复合概念的出现对数字经济刑事法治框架和规则体系的建立提出了要求。更需要关注的是，数据泄露、数据窃取、数据滥用、数据垄断等情形愈演愈烈，数据安全已经全面嵌入国家安全、公共安全、公共秩序以及公民的人身财产权益，这对我国的数据刑事治理提出了更高的要求。

　　《韩非子·心度》中有言："法与时转则治，治与世宜则有功。"社会、时代的变迁与法律制度的变革是永恒的命题，法度顺应时代发展的变化，社会治理方可取得成效。刑法具有稳定性，可这并不意味着刑法会落后于大数据时代的步伐，刑法也是时代的一面镜子，可以反映社会结构与国民价值观的变化。但刑法也是最后一道法律屏障，它的任务是保护民众共同生活的安全和秩序，这是刻在刑法基因里的价值取向，即使在大数据时代，相较于促进社会发展的需求，刑法的价值天平依然会向安全倾斜。

　　本书立足于数字经济发展与数字中国建设的时代背景，以刑法视角下的数据为研究对象，试图为数据安全秩序维护与数据价值流转的平衡提供刑事法律理论与实务层面的参考意见。本书尝试对以下问题进行思考：在数字经济的时代背景下，刑事司法面临怎样的实践问题？刑法应该以一种什么样的姿态去应对数据不法行为？刑法如何构建一套行之有效的数字经济时代的犯罪防治体系和法律规制安排？刑法如何参与重塑数字经济社会的治理规则？刑法又将承载着哪些时代变迁的历史重任，给出数据犯罪治理的时代答案？这些丰富多样的实践问题将成为刑法理论研究和创新的"源头活水"。

本书共分为五章。第一章为对数据、数据权与数据法益的概述。本书以对数据、数据要素的认识为起点，尝试比较并且界定数据、数据权与数据法益等复杂理论概念，讨论互联网 3.0 时代下何为数据权益刑法保护的基石，为数据权刑法保护的出发点划出较为清晰的范畴。第二章为数据权的刑法保护现状梳理。本书从现有法律规定及司法实践入手，全面检视数据犯罪的刑法治理模式及司法困境，探讨如何实现全面有效的数据法益保护，尝试为刑法在完善数据犯罪治理上提供思路。第三章为商业数据的刑法保护模式探讨。本书将目光从个人转向平台，反思刑法对于商业数据保护的有待完善之处，聚焦商业数据的刑法保护模式与实践，为数据要素的合法、合规流转与交易奠定刑事保障的基础。第四章为域外数据刑法保护观察。本书将观察的视角从国内法治转向域外法治，从跨境数据流动出发，比较考察各国的数据刑法保护模式，尝试为我国数据刑法保护提供域外法治的有益实践样本。第五章为数据权刑法保护的展望。本书在对前述章节总结的基础上，立足生成式人工智能的发展现状与未来趋势，展望"正在发生的未来"语境下数据权刑法保护的议题。

如何有效保护数据权利，已经成为包括刑事法律在内的各部门法的重要研究课题。本书的亮点在于，以数据保护与利用的价值平衡为底色，既关注对个人数据的权利保护，又重视刑法视角下数据要素价值流转的秩序与安全，为数据流通和交易的秩序构建提供刑事法律理论储备，在数字经济发展持续更新迭代的历史十字路口审视刑法保护数据权利的时代使命，提出数据权刑法保护的现实方案与未来展望。

本书是 2018 年度国家法治与法学理论研究项目立项课题"数据权的刑法保护研究"的研究成果，在此向为编写本书提供帮助的各位人士表示真诚的感谢。由于笔者水平有限，编写时间仓促，书中错误和不足之处在所难免，恳请广大读者批评指正。

王　铼

2023 年 9 月 18 日

目　录
Contents

第一章　　从数据到数据权
　　　　——互联网 3.0 时代数据权益保护的基石　*001*

第一节　数据概述　*002*
　　一、数据的概念界定　*003*
　　二、数据的分类　*011*
　　三、数据的特征与属性　*014*

第二节　数据权概述　*018*
　　一、从数据到数据权：数据权的证成　*019*
　　二、数据确权之争：数据权归属　*023*
　　三、数据权法律属性及内容体系　*027*

第三节　刑法保护视角下的数据法益　*033*
　　一、刑法法益的生成逻辑　*033*
　　二、新型数据法益的证成　*035*
　　三、数据法益的内涵　*038*

第四节　小结　*045*

第二章 **从计算机到数据**

——我国数据犯罪的刑法治理模式演进和

司法困境 *047*

第一节 刑法对数据权的保护方式回溯 048

一、数据权刑法保护概述 *048*

二、数据权刑法保护现有规定 *054*

三、数据权刑法保护模式的形成与扩展 *059*

第二节 数据权刑法保护司法困境及挑战 067

一、罪名体系困境及挑战 *067*

二、刑罚体系困境及挑战 *073*

第三节 数据权刑法治理模式的改进与

立法建议 *075*

一、数据犯罪罪名体系的重构 *075*

二、刑种适用的调试与重塑 *084*

第四节 小结 086

第三章 **从个体到平台**

——商业数据的刑法保护模式探讨 *087*

第一节 商业数据概述 088

一、商业数据的定义 *088*

二、商业数据的属性 *093*

第二节 商业数据的刑法保护检视 095

一、商业数据刑法保护的必要性 *096*

二、商业数据刑法保护的司法现状 *101*

三、商业数据刑法保护的待完善之处 *105*

第三节　商业数据刑法保护的未来路径选择 *115*

一、构建商业数据的多元保护格局 *115*

二、扩充商业数据的刑法保护范围 *123*

第四节　小结 *126*

第四章　从国内法治到域外法治
——跨境数据流动视角下的数据刑法保护的

比较考察 *127*

第一节　世界主要法域数据刑法保护的现状 *127*

一、美国数据刑事立法司法现状 *127*

二、欧洲数据刑事立法司法现状 *140*

第二节　域外数据刑法保护路径的争议和困境 *153*

一、合法性与司法管辖权的冲突 *153*

二、数据隐私与国家安全的权衡 *154*

三、国际合作的障碍 *155*

四、商业利益与刑事调查的冲突 *156*

第三节　未来展望与立法启示 *156*

一、建立全球数据治理框架 *157*

二、强化区域合作与双边协议 *157*

三、多元利益主体的积极参与 *158*

四、刑事实体法与程序法的融汇 *158*

第四节　小结 *159*

第五章　展望：从当下到未来
——生成式人工智能时代的数据权刑法保护　*161*

第一节　未来已来：生成式人工智能时代　*161*
　　一、生成式人工智能时代的来临　*161*
　　二、生成式人工智能的监管现状　*163*

第二节　生成式人工智能带来的刑法理论挑战　*166*
　　一、生成式人工智能的犯罪风险　*166*
　　二、生成式人工智能进入刑法体系的障碍　*167*

**第三节　刑法面向生成式人工智能的理论
　　　　　应答与展望　*169***
　　一、数据权刑法保护的价值立场演变　*169*
　　二、生成式人工智能时代的数据权刑法保护对策　*170*

第四节　小结　*173*

第一章

从数据到数据权

——互联网 3.0 时代数据权益保护的基石

纵观数万年的人类文明发展史，人类社会经历了农耕文明、工业文明到当前的信息文明三个文明发展阶段。在这个过程中，数据作为人类认识世界过程中的信息记录或总结的载体，自人类自发探索周遭世界以来便开始产生、积累和发展，并在各个历史阶段发挥着独特的作用。

在互联网时代之前，受限于当时的生产技术和信息通信发展水平，数据所能发挥的作用与价值始终有限。进入信息文明之后，随着以 5G、物联网、云计算、大数据、人工智能等为代表的数字技术的革命性发展，人类社会的数字化进程不断加速并持续深化，人类社会积累的数据的数量、规模、种类、价值以及对社会全方位的影响是以往难以想象的。"人类的经济和社会生活已难以脱离数据而有效运行，空前普遍和频繁的数字生产、使用和数字红利分配，已成为经济社会运转的基础"[1]，人类社会逐渐进入大数据时代。

从互联网的发展与迭代的视角来看，当下也被称为互联网 2.0 向互联网 3.0 时代演进的重要时期，也有人认为互联网 3.0[2] 时代已经到来。互联网 1.0 是早期的互联网时期，被称为"只读"互联网，用户只能被动地浏览互联网

---

[1]　邱泽奇．算法治理的技术迷思与行动选择［J］．人民论坛·学术前沿，2022(10)：29-43．

[2]　根据北京市科学技术委员会、中关村科技园区管理委员会、北京市经济和信息化局发布的《关于推动北京互联网 3.0 产业创新发展的工作方案（2023—2025 年）》（京科发［2023］21号），本书采用"互联网 3.0"这一表述，互联网 3.0 作为未来互联网产业发展的新形态，在虚拟现实、人工智能、区块链等信息技术的推动下正在加速发展，将对未来科技和产业发展以及社会经济形态带来变革性影响。

上给出的内容。到了拥有移动互联网以及网络平台的互联网 2.0 时代，用户不仅可读还可自主创造、传播、交流自己的内容。互联网 3.0 则是一个宏大的概念，汇聚了我们对下一代互联网的美好向往和愿景，它是一场数据变革，数据"所有权"和身份"自主权"将从大型平台回归到用户手中，互联网将更加平等，更加开放，更加符合群体利益。①

无论是当下的大数据时代或是渐行渐近的互联网 3.0 时代，数据已从过去作为记录客观事实或信息的单纯载体，转变为最核心的经济资源，并被明确认定为新型生产要素："数据要素因其对其他生产要素的整合力而成为这个时代最重要的和最难替代的生产要素，也是最值得讨论的时代性议题。"② 作为生产要素的数据或称数据要素已成为当下的一个宏大议题，围绕数据要解决的具体议题非常多样，包括数据共享、数据确权、数据安全、数据价值挖掘与数据资产评估、新时代背景下的数据权益保护等。

为了服务于本书聚焦的议题——大数据时代、互联网 3.0 时代的数据权的刑法保护，本章以对数据、数据要素的认识为起点，着手分析数据权的证成、数据确权、数据权属性及其权利体系等内容，辅以刑法视角探讨数据权刑法法益的相关内容，以期为后续章节内容的展开与深入提供可供研究的基石。

第一节　数据概述

本节首先从数据的概念界定入手，并通过分析数据在人类文明进程中的形态、发展、作用与价值，观察数据的不同类别，简析作为生产要素的数据的典型特征与法律属性等，试图为本书议题所探讨的数据进行内涵与外延的厘定。

---

① 姚前,陈永伟等.Web 3.0:下一代互联网的变革与挑战［M］.北京:中信出版集团,2022:3.
② 戴双兴.数据要素:主要特征、推动效应及发展路径［J］.马克思主义与现实,2020(6):171-177.

一、数据的概念界定

1. 数据是什么

数据作为当下数字经济时代最核心的资源，已经成为社会各界关注与研究的"热词"。正确认识数据，是理解大数据时代和发展数字经济的起点。

（1）词义阐释的"数据"。

从词义阐释的角度，中文中"数据"的含义是："进行各种统计、计算、科学研究或技术设计等所依据的数值。"（《现代汉语词典（第7版）》）。从词典中给出的定义可以看出，数据是一种可依据的（"据"）的数值（"数"）。但在现代汉语的语境和实际使用中，数据的"数"并不仅仅指代狭义的数值或数字，文字、图形、图像、音视频等都可以通过数据的形式表现出来。

中文"数据"一词是英文"data"的对译。牛津英语词典（Oxford English Dictionary，2018）中对"data"一词给出的含义是"为参考或分析而收集的事实和统计数字"（Facts and statistics collected together for reference or analysis）。目前比较主流的观点认为，英文词"data"源于拉丁语"datum"，是其复数形式，含义为"给定的事物"（things given）（*Word Origins Dictionary*）。也有研究认为"data"一词最早源于古希腊数学家欧几里得的数学著作《已知条件》（*Data*），其含义为"已知条件"。无论是意为"给定的事物"或是"已知条件"，还是基于现代英语中给出的含义，"data"一词在语义上均与中文"数据"的含义高度契合，被认为是较为完美的对译，体现了中文的语言魅力。

（2）数据与信息、隐私的区别。

鉴于数据本质上是信息的载体，数据与信息、隐私等相关事物的关系也是探讨数据概念界定问题时的一个着眼点。数据与信息既有联系，又有区别。数据是信息的载体，信息则需要依托数据来表达。它们是形与质的关系，两者密不可分。信息是指音讯、消息、信息系统传输和处理的对象，泛指人类社会传播的一切内容，它解决的是消除不确定性的问题。人通过获得、识别自然界和社会的不同信息来区别不同事物，进而认识和改造世界。在通信和控制系统中，信息是一种普遍联系的形式。① 数据是一种信息的载体，数据和信息二者在很多场合具有共生性和共通性②，保护信息即保护数据。但随着大数据时代的发展，数据的独立价值开始显现，对数据和信息进行法律意义层面上的区分，有助于为信息和数据的法律保护和救济在方法论上提出一个法律建构和适用的框架。数据更不同于隐私。《中华人民共和国民法典》（以下简称《民法典》）第一千零三十二条中规定：自然人享有隐私权。任何组织或者个人不得以刺探、侵扰、泄露、公开等方式侵害他人的隐私权。隐私是自然人的私人生活安宁和不愿为他人知晓的私密空间、私密活动、私密信息。通过隐私的定义可以看出，隐私具有私密性，而数据本身无私密性这一原生属性。

（3）数据的多种定义。

数据本身对各个学科都具有实用意义，被众多学者以不同的学科视角进行概念描述和理论探究。数据对于不同主体、不同产业、不同学科等存在不同意义，也正因为如此，对于数据内涵与外延的定义呈现出百花齐放、百家争鸣的状态。

计算机科学学者认为，数据是信息在计算机内部具体的表示形式，可以分为数值型数据与非数值型数据（如字符、图像等），在计算机中以二进制形式表示、存储和处理。在计算机科学中，如果不严格区分，信息和数据两个词常被互换使用。③

经济学者徐晋认为，"数据是指对信息的数字化解构"。笼统地说，数据是使用约定俗成的字符，对客观事物的数量属性、位置及相互关系进行抽象表示，以适合在这个领域中用人工或自然的方式进行保存、传递和处理。④

在法学领域，梅夏英教授总结，数据原本属于计算机领域的词汇，在互联网语境下，实际上应限于电子数据（electronic data），即在计算机及网络中流

---

① 清华大学出版社.信息系统项目管理师教程（第4版）[EB/OL].（2023-03-01）[2023-09-21].http://www.tup.tsinghua.edu.cn/upload/books/yz/099830-01.pdf.
② 梅夏英.信息和数据概念区分的法律意义 [J].比较法研究,2020(6):152.
③ 郑逢斌.计算机科学导论 [M].郑州:河南大学出版社,2016:18.
④ 徐晋.大数据经济学 [M].上海:上海交通大学出版社,2014.

通的以二进制数字代码 0 和 1 组合而成的比特流。[①] 唐稷尧教授认为,数据是通过观察、实验或计算得出的结果,是对客观事物的性质、状态以及相互关系等进行记载的物理符号或这些物理符号的组合,它既可以是数字,也可以是文字、图像、声音等。[②]

在我国的法律规范文件中,也对该文件所调整范围内的数据给出了不同的定义。例如,《中华人民共和国数据安全法》(以下简称《数据安全法》)第三条规定,数据是指任何以电子或者其他方式对信息的记录。可以看出,《数据安全法》是从数据的载体依附性(以电子或者其他方式)和与信息的关系(对信息的记录)来界定数据概念的。《中华人民共和国网络安全法》(以下简称《网络安全法》)第七十六条第四项规定,网络数据是指通过网络收集、存储、传输、处理和产生的各种电子数据。再如,《天津市数据安全管理办法(暂行)》第三十五条第一项规定,数据是指通过网络采集、传输、存储、处理和产生的各种电子数据。行业部门的法律规范文件,对其行业数据的定义方法也不相同。我国《科学数据管理办法》第二条规定,科学数据主要包括在自然科学、工程技术科学等领域,通过基础研究、应用研究、试验开发等产生的数据,以及通过观测监测、考察调查、检验检测等方式取得并用于科学研究活动的原始数据及其衍生数据。《中国人民银行业务领域数据安全管理办法(征求意见稿)》第二条第二款规定,中国人民银行业务领域数据,指根据法律、行政法规、国务院决定和中国人民银行规章,开展中国人民银行承担监督管理职责的各类业务活动时,所产生和收集的不涉及国家秘密的网络数据。

有关数据的定义林林总总不胜枚举,以上对"数据"一词含义的界定,仅仅是不同学科、从不同维度、基于不同目的对数据进行抽象解读中的非常小部分的列举。唯一可以确定的是,对于数据尚没有形成一个各界均认可的共识

① 梅夏英. 数据的法律属性及其民法定位 [J]. 中国社会科学,2016(9):167.
② 唐稷尧. 大数据时代中国刑法对企业数据权的保护与规制论纲 [J]. 山东警察学院学报,2019,31(3):30-38.

性的概念描述。

2. 人类文明史中的数据

数据是人类在认识世界的过程中对客观事物、行为实践、相互关系等方面的记录，不同的历史进程中，数据有着不同的生产方式与传播方法，也发挥着不同的作用与价值。因此，在试图理解数据是什么时，将其放置在不同的历史背景下进行观察是十分有意义的，也是切实可行的。

数据作为一种确定的存在，比数据一词的出现要早得多。自人类开始自发探索周遭世界以来，数据就随着人类的实践活动产生和积累着。数据从作为信息载体数据，到数字时代的数据资源，直至被认定为新型生产要素，经历了从原始社会、农业社会、工业社会到信息社会的大数据时代的漫长历史过程。

（1）原始社会与农业社会时期的数据。

从远古时代，人类在自然界挣扎生存并有意识地探索世界时就在尝试留痕、记录、计算。考古发现，在漫长的以狩猎为主要生产方式的原始社会时期，在数字符号和语言文字出现之前，世界不同角落的原始人类不约而同地采用结绳记事、契刻计数、岩画叙事等方式进行信息记录，形成了最初的数据。这些原始数据承载着记数、叙事、传递、传承生存经验、构建种群部落精神信仰等多种功能，使得原始人类能够建立内部社会规范与秩序，并维系牢固的群族关系。

从新石器时代开始，人类的生产方式从以狩猎攫取型逐渐演变成农耕畜牧生产型，农耕文明开始。在农业社会历史阶段，人类产生数据的手段、利用数据的能力有了显著的提高。随着青铜器、铁器、造纸术、印刷术，特别是活字印刷术的发明与广泛应用，数据的物理载体更加丰富与易得，促进了数据的积累与其所承载信息的传播与利用，数据逐渐成为组织生产、进行分配与交易、规则制定、社会管理等方面的依据，推动着人类文明的持续发展。但彼时社会生产力和科学技术的进步还是十分缓慢的，人类对数据的认识、运用和传递也十分有限，且低下的劳动生产率也使得能够有财富用于识字读书的人群仅限于一小部分统治者和精英阶层，因此，在农业社会时期，数据尚不可能给人类带来高度的物质文明和精神文明。

（2）工业社会与信息社会时期的数据。

18世纪60年代从英国开始，以蒸汽机的发明与应用为标志的第一次工业革命到来，人类社会开始从农耕文明逐步走向工业文明，生产力的极大提高带来了数据信息传播技术的跨越式发展。电报、电话、广播、电视的发明和普及，从根本改变了人类获取信息的方式和速度。随着静电复印机、磁性录音机、雷达、激光器等信息技术史上的其他重要发明，数据的传输方式由"人—人"转变为"人—通信设备—人"。①

从工业革命起，人类对数据的发掘与利用愈加系统和成熟，人们深刻认识到数据在科学技术的研发、科研成果转化成直接生产力等方面发挥的重要作用与价值。在工业社会，数据和信息技术使人类以更高的精准度认知世界，数据成为传播知识成果、继承和发扬人类文明的桥梁和主要工具。人类文明的发展正是由不断积累、扩充、进步的知识与智慧铸就，数据则是它们的载体，数据既是科学技术自身，也是传播和推广科学技术并使其转化为生产力的工具和手段。②

信息社会是随着20世纪60年代电子计算机的普及使用及其与信息通信技术的有机结合为标志的"第五次信息技术革命"③而开启的。20世纪60年代开始，随着半导体产量激增价格大幅下降，计算机的使用得以逐渐普及。商业通信卫星发射、民用光纤通信线路开通等，都标志着信息处理方式的再一次深刻变革。信息的概念扩展到科学技术的更加广泛的领域，并向经济、文化、教育、医疗等社会各个方面进行渗透，人类从工业社会开始跨入信息社会，人类

① 张平文,邱泽奇. 数据要素五论：信息、权属、价值、安全、交易［M］. 北京:北京大学出版社出版，2022:149.

② 张平文,邱泽奇. 数据要素五论：信息、权属、价值、安全、交易［M］. 北京:北京大学出版社出版，2022:150.

③ 语言的使用，文字的创造，印刷的发明，电报、电话、广播和电视的发明和普应用，被视为人类历史上的前四次信息技术革命。

社会的数字化进程开始。20世纪90年代互联网的出现、网页浏览器的发明、互联网接入服务的应用，使得非技术人员的普通民众得以运用数字技术实现互联互通。随着搜索引擎的出现，互联网社会化应用开启。进入21世纪后，随着网络基础设施的发展和终端设备的不断升级迭代，电子商务平台、社交网络平台等互联网企业商业模式不断创新，数字技术真正进入了人们的日常生活和生产，并深刻地改变了人们的生活方式，数字社会正式到来。

中国社会的数字化进程也是从20世纪90年代开始与世界同步的。1993年，中国科学院高能物理研究所开通了与美国西海岸的第一条互联网专线，标志着中国正式接入互联网世界。1997年，互联网接入服务开始向民众提供，中国的数字化社会进程启航。之后，几大中国数字技术公司成立，中国居民用户开始逐步习惯使用互联网门户网站获得资讯。2003~2012年，随着电商平台、网上支付、网络社交媒体应用的出现与普及，中国互联网平台应用与社交网络逐步融入民众日常生活。2012年底，中国手机上网用户首次超过电脑上网用户，成为上网第一终端，标志着中国的数字化社会进程进入了新阶段——移动互联网阶段。2013年开始，中国4G网络普及，中国进入高速网络时代。4G网络速度是拨号上网速度的2000倍，中国的数字化进程开始扬帆远航。

3. 大数据时代的数据

随着中国数字化进程的加速，社会生活开始全方面数字化，数据开始更多地以"大数据"的形态与面貌影响着社会的发展。当前国际社会的普遍共识是，2010~2020年，数字技术的蓬勃发展与迅速迭代引领人类进入数据爆炸式丰富的时代，即大数据时代。

（1）从数据到数据资源——技术驱动发展。

数字技术的革命性创新发展驱动着数据从单纯的信息载体，向作为数字时代基础资源的大数据转变，这是数据被认定为生产要素的客观基础。

大数据时代的典型数字技术多种多样，本书简要介绍以下几项关键技术：物联网、移动互联网、智能终端、云计算、大数据、人工智能。

物联网，是一种"物物相连的互联网"，利用射频识别、传感器、全球定位系统、激光扫描器等信息传感设备，通过协议，可以把任何物体与互联网相连，进行信息交换和通信，以实现智能化识别、定位、跟踪、监控和管理的一种网络技术。移动互联网，是以移动网络作为接入网的互联网及服务。智能终端，常见的有智能手机、平板电脑、智能穿戴设备等，是指加载了相对开放的操作系统，具备相应的程序处理能力、高速的网络接入能力和丰富的人机交互界面的终端。物联网、移动互联网、智能终端技术的联合应用与发展，使得人自身的种种信息，人与人之间的联系信息，现实中人与物之间、物与物之间的信息，随时随地形成各类电子化数据并不断被收集、存储、呈现。

云计算，是与信息技术、软件、互联网相关的一种服务。云计算把许多计算资源集合起来，通过软件实现自动化管理，只需要极少人力的参与，就能让资源被快速提供。也就是说，计算能力作为一种商品，可以在互联网上流通，就像水、电、煤气一样，可以方便地取用，且价格较为低廉。[①] 云计算技术的发展使得物联网、移动互联网和智能终端结合所产生的数据可以无限量地得以储存和方便快捷且低成本地获取。

2015 年 8 月，国务院发布《促进大数据发展行动纲要》，将大数据定义为："大数据是以容量大、类型多、存取速度快、应用价值高为主要特征的数据集合，正快速发展为对数量巨大、来源分散、格式多样的数据进行采集、存储和关联分析，从中发现新知识、创造新价值、提升新能力的新一代信息技术和服务业态。"大数据意味着人类具备了收集和分析社会中产生的大量数据的能力。IBM 将大数据概括为 4 个"V"：①数据量（Volume）巨大，大数据的起始计量单位至少是 P（1000 个 T），甚至 E（100 万个 T）或 Z（10 亿个 T）[②]，且始终保持高速增长；②数据形态多样（Variety）；③数据价值（Value）密度低，大数据中数据的量大，但单个数据的价值非常低；④数据处理速

---

① 罗晓慧．浅谈云计算的发展［J］．电子世界,2019(8):104.

② 1T＝1024GB。

度（Velocity）快。①

人工智能，1950 年，艾伦·图灵（Alan Turing）在其论文《计算机器与智能》（*Computing Machinery and Intelligence*）中提出了著名的"图灵测试"，给出了判定机器是否具有"智能"的试验方法，即机器是否能够模仿人类的思维方式来生成内容继而与人交互。机器人、语言识别、图像识别、自然语言处理等都是人工智能的具体技术应用形式。数据是支持人工智能各种应用的"原材料"，而人工智能是大数据价值得以实现的主要技术。"大数据支持人工智能，而人工智能在各个行业的应用，将使人类社会迈入数据驱动的社会，开启数据驱动的经济（data-driven economy）。数据驱动的经济也被称为数据为基础的经济（date-based economy），简称数据经济或数字经济，用于描述数据作为社会基本资源和企业竞争力时代的经济形态。"②

（2）从数据资源到生产要素——政策鼓励发展。

我国高度重视数据资源，在国家政策层面鼓励大数据的利用、价值挖掘、市场化配置等，并确立了数据作为新型生产要素的战略地位。

2014 年"大数据"首次进入政府工作报告。2015 年国务院印发《关于积极推进"互联网+"行动的指导意见》《促进大数据发展行动纲要》等文件，提出要全面推进我国大数据发展和应用，强化国家数据资源统筹管理，加快建设数据强国。2017 年以来，我国开始逐步确立数据作为生成要素的战略地位。2019 年党的十九届四中全会首次将数据与其他传统生产要素并列提出，按照市场化机制进行资源配置，意味着数据与其他生产要素一样可以参与价值分配。2020 年 3 月《中共中央　国务院关于构建更加完善的要素市场化配置体制机制的意见》明确将数据作为一种新型生产要素，与土地、劳动力、资本、技术等并列，提出加快培育数据要素市场，"探索建立统一规范的数据管理制

---

① 高富平,张英,汤奇峰. 数据保护、利用与安全——大数据产业的制度需求和供给［M］. 北京:法律出版社,2020:2-3.

② 高富平,张英,汤奇峰. 数据保护、利用与安全——大数据产业的制度需求和供给［M］. 北京:法律出版社,2020:5.

度""研究根据数据性质完善产权性质"等内容。

综上所述，数据作为信息载体，在人类历史进程中始终发挥着重要作用。进入大数据时代，数据从单纯的信息载体跃升为数字社会的基础资源和生产要素，其价值与作用有了本质变革，成为一个宏大议题，也基于此，数据的概念界定难达共识、尚无通说。但基于本书数据权的刑法保护的初衷，历史观刑法视角下的数据，作为大数据时代数据犯罪所侵害的对象，还是可以勾勒出一定的共识："数据或大数据，既可指向内容层的信息，也可指向符号层的数据文件。"[①]

二、数据的分类

1. 数据的多种分类

大数据时代的数据有着无法想象的量级，迅猛的增长速度，繁杂的种类，多元的主体，多重的利益。对数据进行科学分类有助于聚焦数据相关议题的研究，以达成共识。

谈及类型，需先划定分类的标准。

按照生产机制，数据可分为：①原始数据，即从数据的直接来源主体收集的未经加工处理的数据。原始数据往往承载着来源主体大量的基本信息，与数据来源主体紧密相关，如个人原始数据，包含了个人的基本信息甚至隐私信息，能够直接与个人身份相联系，其人身权属性比衍生数据更为明显。②衍生数据，即数据经营者将原始数据基于一定目的进行二次或多次加工处理过的数据，如经过脱敏、加工和整合等方法处理过的原始数据，丧失来源主体的身份信息，成为衍生数据。衍生数据是对原始数据的加工和再升值，是对原始数据价值的二次或多次挖掘，数据所蕴含的巨大经济价值会在衍生数据的不断利用以及市场上的充分流动中显现出来，随着利用的深化与流动频次的增加，数据价值成倍增长，因此，衍生数据的财产属性要比原始数据更为明显。

---

① 纪海龙.数据的私法定位与保护［J］.法学研究,2018,40(6):72-91.

按照《数据安全法》规定的数据分级分类保护机制，具体根据数据在经济社会发展中的重要程度，以及一旦遭到篡改、破坏、泄露或者非法获取、非法利用，对国家安全、公共利益或者个人、组织合法权益造成的危害程度，将数据分为一般数据、重要数据和核心数据。法律对于这三类不同级别的数据给予不同力度的管理和保护。对于核心数据，法律给予最严格的管理和保护，原则上不得出境。对于重要数据，法律给予重点管理和保护，非经评估不得出境。对于一般数据，给予适当程度的管理与保护，可以依法出境。

按照数据所属领域，可以划分为金融、交通、医疗健康、政务、司法等不同领域的数据。不同部门应该对其领域的数据进行有效保护。《数据安全法》第二十一条第三款规定，各地区、各部门应当按照数据分类分级保护制度，确定本地区、本部门以及相关行业、领域的重要数据具体目录，对列入目录的数据进行重点保护。2023 年 7 月 24 日，中国人民银行为落实《数据安全法》有关要求，发布为加强中国人民银行业务领域数据安全管理而起草的《中国人民银行业务领域数据安全管理办法（征求意见稿）》，面向社会公开征求意见。

数据的分类还有很多，在此不一一列举。这些种类划分并不是非此即彼的关系，它们可能彼此包含，可以进一步精细划分。

2. 按照数据所涉主体进行分类

目前法学界被较多使用的一种数据分类方式是按照数据主体进行分类，分为个人数据、企业数据、政府数据。这里所说的"数据主体"包括数据的来源主体、生产主体或正在进行数据持有、管理、利用等行为的主体。这种分类方式在明晰不同主体的数据行为、概括数据法律属性、研究数据权属、辨析刑法数据法益等目的时，较为清晰便利。

（1）个人数据。

大数据时代，数据的来源渠道非常广泛，来源于个人的数据，可以是个人的基本信息、行动轨迹、活动记录或是个人在网络平台上发布的文字、图片、视频等。这些个人数据是大数据时代至关重要的数据，因为人是一切活动的主体，也是社会发展的最终意义所在。

（2）企业数据。

大数据时代，企业特别是大型互联网平台企业是各类数据采集者、持有者、处理者或使用者中最活跃的主体。企业数据，包括企业自身作为产出主体的数据，如企业在工商登记部门已公开的数据资料或税务数据等，更多的则是指企业在生产经营中采集、存储、处理、利用的原始数据和衍生数据。这些数据已经成为企业尤其是互联网企业的核心资产和核心竞争力之一。企业所持有的数据因其数量之庞大、种类之丰富、价值挖掘空间之广，对于数字经济的发展至关重要。

企业数据与商业数据的概念紧密关联，二者内涵基本一致，在理论探讨中常常被混同，但二者的界定维度有所不同，企业数据是从数据主体的维度出发界定数据，而商业数据则是从数据的特征与价值维度出发。本书在第三章中使用商业数据这一表述讨论数据的刑法保护问题，因为商业数据概念更具有规范性，也可以避免数据保护的讨论陷入数据权属之争的窠臼，并能凸显数据商业价值的重要性，准确反映其市场意义与财产价值，与我国关注数据价值、积极鼓励数据交易、推动数字经济发展的政策相契合。

（3）政府数据。

政府数据，是指政府部门及法律法规授权的具有公共管理或服务职能的事业单位和社会组织在履行公共职能时收集、生成和管理的数据，包括直接或者间接依法采集、依法授权管理和因履行职责需要依托政府信息系统形成的数据。[①] 与政府数据这一概念紧密相关的是公共数据。有学者总结公共数据即广义的政府数据，是指具有公共管理和服务职能的机构所产生和获取的数据。[②] 如进行详细的概念区分，公共数据涵盖范围很多时候会比政府数据宽

[①]　李海敏．我国政府数据的法律属性与开放之道［J］．行政法学研究，2020（6）：144-160.
[②]　黄先海，虞柳明，戴岭．政府数据开放与创新驱动：内涵、机制及实践路径［J］．东南学术，2023（2）：103.

泛，但本书此处不对两者进行特别甄别。

大数据时代，随着数字政府、数字政务的发展，政府机构以其公权力和法律赋予的强制力，聚集到的数据有着基数大、种类多、信息全、覆盖广、原始数据占比大、真实性和准确性较其他主体收集的数据更占优等特点。政府数据的国家战略价值、社会价值、经济价值已被充分认识并被持续挖掘。

三、数据的特征与属性

1. 数据的特征

（1）数据的一般特征。

数据体现为以二进制为基础的比特或比特流，人们在分析数据特征时无法像对确定化的物理存在一般对其进行分析，因此，不同的研究者在分析数据特征时会因为其自身感受与认知范畴的理论想象，作出不尽相同的、难免分歧的数据特性的总结，进而影响到数据相关议题的判断。①

不同学科的学者从其所属学科的视角对数据的特征有很多不同表述。经过梳理，学者们总结的数据一般特征有：独立性、非物质性、载体依附性、技术性、客观性、共享性、可伪性、可控制性、可计量性、低价值密度性、价值性、时效性等。作为数字时代的重要经济资源，数据来源复杂、种类繁多，对其他生产要素具有极高的渗透性，尤其在经济层面上具有外部性、规模性、准公共物品性等特征。② 作为新型生产要素，数据要素必然有其不同于其他传统生产要素的典型特征。

（2）数据要素的典型特征。

数据要素区别于其他传统生产要素的三大典型特征：可复制性、非竞争

---

① 梅夏英，王剑."数据垄断"命题真伪争议的理论回应 [J].法学论坛,2021,36(5):94-103.
② 白永秀,李嘉雯,王泽润.数据要素:特征、作用机理与高质量发展 [J].电子政务,2022(6):23-36.

性，以及排他性与非排他性并存。①

数据要素的可复制性，是指基于技术的发展，数据可以快速地以近乎于零成本的方式进行复制，这是其区别于其他传统生产要素的基本物理属性。数据要素的非竞争性，是指基于数据的可复制性，一方对数据的使用并不会影响或妨害他方对同样数据的使用，即数据不会因为多方、多次使用而发生任何损耗，这也就意味着数据可以多次出售与利用。数据要素的可复制性与非竞争性使得数据可以被广泛地开放共享、重复利用，且越共享越能体现其对社会发展的价值。

数据要素的排他性与非排他性共存，是指数据因其可复制性和非竞争性可以被多方使用者非排他性地占有，这是数据可以广泛共享、充分利用、持续进行价值挖掘的基础。有学者基于此认为数据符合经济学上的"公共品"特征：具有公共性，而无法成为权利指向的客体。② 但正是因为数据的价值是在不断利用中体现的，使得数据首属占有者在数据交易价格无法确定或较低的情况下，不愿意将其付出了巨大成本而获取的数据轻易转让或分享，同时也因担心自身对数据价值挖掘的不充分而将获利的机会拱手让人，数据的首属占有者就有动机在最初占有数据的时候尽可能多地获取数据、囤积数据、建立数据排他性的占有，而不是分享数据，这就使数据同时具有了排他性特征。

数据的排他性与非排他性共存的特性，也是目前很多学者在论证大数据时代的数据是否具有稀缺性的根源。数据的非排他性使得数据看似并不稀缺，但是现实市场中，企业之间日益激烈的数据争夺却正在证明数据的稀缺性，国内的新浪诉脉脉案的用户数据之争、腾讯与华为的微信数据之争、菜鸟与蜂巢的物流数据之争，都在一定程度上说明，互联网企业一边向用户倡导着"数据共享"的理念，一边将自身打造成纵向一体化的封闭模式，通过技术措施保

---

① 张平文,邱泽奇. 数据要素五论:信息、权属、价值、安全、交易［M］. 北京:北京大学出版社,2022.

② 梅夏英. 在分享和控制之间数据保护的私法局限和公共秩序构建［J］. 中外法学,2019,31(4):845-870.

护其数据池，进而不断强化数据的稀缺性。①

数据要素的可复制性、非竞争性、排他性与非排他性共存的三大特征，使得数据经营者一旦占有了数据，从其自身利益出发就更有动机建立排他性的占有而非分享数据，数据要素成为市场各方争夺的焦点，针对数据的不法行为甚至犯罪行为也日趋频发。但同时，数据是数字时代的基础经济资源，数据越共享越对社会发展有利，因此建立科学的数据要素市场分配机制与制度，加强数据法律保护，让数据占有者有意愿分享数据同时保护自己的经济利益，对于数字经济持续发展至关重要。

2. 数据的属性

（1）数据的资产属性。

大数据时代，数据成为数字经济发展的关键要素已是共识。众多学者在研究数据时从数据作为一项新型资产的角度来阐释数据的属性。

数据具有物理属性、存在属性和信息属性。物理属性是指数据以二进制形式实际占用了存储介质的物理空间，可度量，可直接用于制作数据复本并进行数据传输。存在属性是指数据是以人类可感知的形式存在，人通过设备感知到的（如可见可听）数据被认为是在数据界中存在的数据。信息属性，是指通常数据经过解释就会具备含义，而数据的含义就是信息，数据的信息属性是数据的价值体现。正是因为数据具有的物理属性、存在属性以及信息属性，意味着数据有物理存在、可被感知且有价值，那么数据就可以作为一种资产，即数据资产。②

从数据要素的价值化角度来看，数据具备资源属性、技术属性、金融属性三重属性。③ 数据要素的金融属性是在数据要素价值化的进程中，在其商品属性的基础上衍生出来的，这使得数据要素将会以金融属性参与到金融领域的经

---

① 申卫星. 数据确权之辩 [J]. 比较法研究,2023,187(3):1-13.
② 朱扬勇,叶雅珍. 从数据的属性看数据资产 [J]. 大数据,2018,4(6):65-67.
③ 祝世虎. 数据信托助力"数据二十条"落地实施 [EB/OL]. (2023-03-21) [2023-09-21]. https://mp. weixin. qq. com/s/j5kFvz6s6WKnfZxk1sCKfA.

济活动并不断深化有利于推动释放数据红利、实现数据对数字经济的乘数效应。①

数据要素的资产属性已经在国家政策层面被充分认可。2023 年 8 月 1 日，财政部制定印发了《企业数据资源相关会计处理暂行规定》，引起了社会各界巨大反响，被称为"数据资产入表新规"。财政部负责人在答记者问时指出，该暂行规定回应了数据资源是否可以作为资产确认、作为哪类资产确认和计量以及如何进行相关信息披露等各界关注的相关会计问题，有助于进一步推动和规范数据相关企业执行会计准则，准确反映数据相关业务和经济实质。

（2）数据的法律属性。

判断数据的法律属性，对于数据法律保护的路径选择是至关重要的。数据法律属性研究目的是探讨数据在法律规制中是利益还是权利？如果是权利，那么该权利客体是什么，以及赋予其何种权利？明晰数据的法律属性是解决数据资源确权、开放、流通、交易相关制度等问题的源头，是形成数据法律关系的基础，是确定民法对数据的基本态度和定位，间接明确数据司法案件的审判程序与内容，促进有效的数据裁判和审判。这既有利于促进数据保护模式的构建，加强数据的有效管控，加快数据要素市场的培育，也有利于数据共享市场或市场化配置机制的构建。②

根据前文所述，大数据时代的数据可以作为一种资产，能够成为民事权利的客体。而就数据的法律属性而言，尽管具体观点或有不同，多数法学学者基本会从数据蕴含的人格要素、财产性利益、公共利益这几方面展开分析。本书认为，大数据时代的数据同时具备人格属性、财产属性以及公共利益属性三重法律属性。

就数据的人格属性而言，个人（自然人）是数据的主要来源主体，大数

---

① 金骁路,陈荣达. 数据要素价值化及其衍生的金融属性:形成逻辑与未来挑战 [J]. 数量经济技术经济研究,2022,39(7):83.
② 邓社民,马羽恬. 数据的法律属性探究 [J]. 石河子大学学报(哲学社会科学版),2022,36(6):49-58.

据时代的个人数据承载几乎与人身相关的各种信息，通过这些数据，可识别具体的个人身份，了解其行动轨迹、行为偏好，甚至窥探其个人隐私，个人数据具有人格要素，数据的人格属性毋庸置疑。就数据的财产属性而言，数据作为大数据时代的基础经济资源、新型生产要素，可以作为一种资产，且具备金融属性，数据当然地具备财产属性。鉴于企业是大数据时代最重要的数据经营主体，数据财产属性的对应主体首先是企业；就数据的公共利益属性而言，大数据时代，数据对于社会生活、经济发展、政府治理、国家安全等全领域的强渗透性，使得数据的控制与利用与社会秩序、国家利益、国家安全、民生福祉等密切相关，数据已上升为一项国家的战略资源，成为国际社会大国博弈的新焦点。世界主要国家和地区纷纷出台有关数据的法规，对数据出境严格限制，争夺制定数据规制国际规则的话语权。

第二节　数据权概述

大数据时代，数据成为最核心的基础资源以及新型生产要素已是社会共识。数据对于个人、企业、国家无疑都是一项重要利益，而不同主体之间的数据利益相互依存又交织冲突。鉴于权利观念的深入人心以及权利制度对于利益保护的优越性，各个数据关涉主体往往通过对数据"权利"的诉求或主张，来试图划分、确认、保护各自的数据利益。

当前，"数据权"尚未被纳入我国《民法典》等民事部门的民事权利制度中，但对于数据权的研究早已成为法律学界以及其他社会各界深入讨论的时代议题。

首先，本节以数据到数据权的证成为起点，论证数据权从权利主张到权利本身的必要性与可行性；其次，在数据权作为一项新型权利得以证成后，其权利归属问题即数据确权就成为数据权制度体系建立的关键步骤，而数据确权因为数据本身的复杂性与主体的多元性等现实因素而呈现出问题的复杂性；最后，通过分析数据权的法律属性，探讨数据权利体系的具体内容与权利边界。

一、从数据到数据权：数据权的证成

数据是数字经济社会最基础资源与最关键要素，在数据上设定权利——"数据权"，以权利制度模式作为数据保护的路径选择，能够更好地满足当下时期以及未来互联网 3.0 时代之数据安全保护、数据价值挖掘、数据利益实现等方面的需要。

数据所关涉的主体非常多元，从数据的产生、收集、存储、处理、利用、流转等全流程，众多的参与者均有各自的角色与利益，也就有各自的权利诉求或主张。这些当下现实层面的权利诉求或权利主张是否应当或能否进而成为权利本身，需要经过新型权利①的证成过程，以为防止权利泛化危及权利观念的重要性与严肃性。

关于新型权利的如何证成，很多学者进行了阐述。本书认为，一项新型权利要得到证成，必须具备以下条件：第一，在现实层面存在需要保护的利益；第二，保护此项利益存在的合理性；第三，保护这种利益是具有可行性的。

1. 数据是一种利益：数据权利的初步证成

大数据时代，数据已渗透至社会生活、经济发展、国家安全等方方面面。个人、企业、政府、国家、社会等，都是数据的关涉主体，对于他（它）们任何一个而言，数据都是一种重要利益。

———————————

① 当前"新型权利"与"新兴权利"的表述存在混用的情况，关于"新型权利"与"新兴权利"的概念辨析，学术界存在两种观点，一种观点认为，新兴权利应区别于新型权利，新兴权利是在法定权利之外，但又与法定权利息息相关的实存的社会权利，具有自发、自然、多样和流变的特征，而新型权利则以形式理性的法律规范为基础，是一种自觉、法定和统一的权利（参见谢晖.论新兴权利的一般理论［J］.法学论坛,2022(1):41-54）；另一种观点则认为，新兴权利概念没有存在的必要，因为"权利"概念本身便具有应对新问题的能力（参见陈景辉.权利可能新兴吗？——新兴权利的两个命题及其批判［J］.法制与社会发展,2021(3):90-110）。 本书采用第一种观点，且数据权并没有超脱原有的法定权利，而是传统法定权利的新型集合，故本书采用"新型权利"的表述，同理，下文也采用"新型法益"表述。

（1）个人层面的数据利益。

就个人而言，当下现实生活的每一个行为，几乎都会同步成为网络中的数据。这些数据承载了能够直接指向其个人的基本信息，关涉其家庭、财务、健康状态等的关键个人信息，还体现其出行、社交、购物、兴趣等行为习惯、个人偏好，甚至个人隐私的信息。这些无时无刻不在产生的数据，在个人的人格尊严与自由意志层面的价值已被充分承认。同时，个人数据的汇集能够为数据控制者带来巨大的经济价值是不争的事实，而个人作为数据的信息来源主体，对其个人数据的财产利益也存在现实的诉求。曾经有一位软件开发者费德里科·萨内尔于2013年2月起便开始收集自己所有的数字轨迹，从网站到聊天记录到照片到GPS数据，到5月的时候已有7GB数据。他把积累了3个月的隐私数据卖掉，而且成功卖到1100美元。① 总之，对个人而言，数据具有人格权属性与财产权属性上的双重价值，是一种重要的利益。

（2）企业层面的数据利益。

就企业而言，数据的财产性利益更加明显。企业是大数据时代最为重要的数据控制者、利用者与经营者。随着大数据、算法、人工智能等技术的发展，数据可以帮助企业精准锁定目标客户、降低营销成本，可以帮助企业提升产品研发效率、创新商业模式、提升产品与服务体验，从而增加经济效益。随着数据的价值不断凸显，市场竞争已然从技术竞争转向数据竞争。② 龙卫球教授认为，企业数据保护走向财产权化新机制已经成为未来的一大趋势。③ 近年来频发的企业违规收集数据、违规爬取数据，互联网平台公司之间有关数据的纠纷，都是企业对数据争夺的表现。

（3）国家层面的数据利益。

对于政府、国家与社会层面而言，数据更是一种重要利益。数据作为重要

① 徐端. 大数据战略：个人、企业、政府的思维革命与红利洼地 [M]. 北京：新世界出版社，2014:159-160.
② 吴军. 智能时代：大数据与智能革命重新定义未来 [M]. 北京：中信出版社，2016:138.
③ 龙卫球. 再论企业数据保护的财产权化路径 [J]. 东方法学，2018(3):63.

的基础资源，对于国家安全、社会秩序、经济发展、民生促进等有着重大影响。数据已成为国际社会大国博弈的另一个焦点，尤其在涉及民族种族、经济金融、国防科技等重大问题上。目前，世界各国都充分认识到数据对于一国安全、利益、发展，甚至主权的重要性，欧盟、美国、俄罗斯以及包括我国在内的世界主要国家和地区都对数据跨境流动颁布了相关法规，设立了严格的限制条件。

2. 从利益到权利：数据权利保护的合理性

在数字经济时代，数据利益毫无疑问已经成为个人利益、企业利益及国家利益的一部分。但目前尚未对数据权形成统一的概念，立法层面也尚无出现专门保护数据权的立法，顶层设计不能与现实需求完全匹配。

（1）数据利益具有正当性。

我们在上文中已经充分论证，数据是一种利益，且是一种正当利益。一种利益能上升到权利保护层面首先应当具有正当性，法律保护具有正当性利益的观点符合朴素的正义观，不具有正当性的利益不应成为法律保护的对象，比如因赌博、毒品交易而产生的欠款，必有一方利益所在，但并不存在某一方相对于另一方而言的权利存在，这是因为该等利益并不具有正当性，因此不能成为权利而受到法律保护。虽然数据利益具有复合性，各主体具体利益存在交织性，但不影响数据利益作为一种正当利益已经在实践当中得到普遍认可。

（2）数据权形成具有必要性。

数据利益具有价值，可为相关主体带来经济利益，并且在大数据经济时代成为重要的战略资源，实践中也发生多起关于数据权属纠纷案，如前文所述的"顺丰菜鸟数据之争"①、"华为与腾讯数据之争"、抖音短视频抓取案、汽车消费者投诉信息抓取案等，"天下熙熙，皆为利来；天下攘攘，皆为利往"，有利

---

① 桂林电子科技大学学生会. 顺丰 VS 菜鸟：一场数据之争［EB/OL］.（2017-06-08）［2023-09-21］. https://mp. weixin. qq. com/s?__biz=MzA3MDAwMDkyNg==&mid=2649707942&idx=3&sn=8bfa994651dafc16ebddc819eb388276&chksm=86d87dd7b1aff4c1db602a42fb07e991678691aae67d2b9792d3b9c00a75a2410929cffe34f5&scene=27.

就有争夺，法律的基本目的之一是定分止争，在数据利益日益重要的当下，如何实现各利益主体对数据的明确权益，有必要予以更加明确的法律规定。

3. 从权利主张到权利本身：数据权利保护的可行性

（1）法律体系的可容纳性。

一种新型权利要成为法律权利，还必须被既有的法律体系及司法实践所容纳。有学者指出对于新型权利而言，有两种途径：一种是被立法机构所认可并明文规定于法律规则之中；另一种是被司法机构在适用法律规则时解读出来，即证明一项新型权利已在语义上为特定规则所涵盖，所以虽未见于法律明文，但确是该规则所规定之权利的"衍生权利"或者"下位权利"。[①] 虽然我国尚未在立法层面承认"数据权"的概念，但在立法层面，已经存在涉及数据利益进行保护的多部法律，如《民法典》第一百二十七条"法律对数据、网络虚拟财产的保护有规定的，依照其规定"，《中华人民共和国个人信息保护法》（以下简称《个人信息保护法》）第二条"自然人的个人信息受法律保护，任何组织、个人不得侵害自然人的个人信息权益"，以及《中华人民共和国刑法（2020 年修正）》（以下简称《刑法》）所规定侵犯公民个人信息罪等，其所保护的均为数据权益。虽然目前尚未将数据权明文规定于法律之内，但在多部法律之中，无论是出于保护人格权、财产权或维护社会秩序与安全的目的，均体现了对数据利益的保护初衷。

现有法律体系是可以容纳数据利益成为数据权利的，数据具有无形性、可复制性及非竞争性的特点，确实导致了数据占有、使用、利用、共享等参与主体非常广泛，通过赋权模式进行保护确有复杂性，但并不能因此认定无法实现对数据赋权的保护模式。在现有法律体系下，宪法为数据权的成立提供了价值基础，《民法典》《数据安全法》《个人信息保护法》《刑法》等部门法已经有明确条文对数据利益进行保护，将数据权定位为基本权利，有利于形成一套横跨公法、私法领域的数据权保护法律体系。

---

① 雷磊. 新兴（新型）权利的证成标准［J］. 法学论坛,2019(3):24.

（2）司法裁判的可容纳性。

虽然目前法律层面尚未明确规定数据权，但司法实践中已有民事裁判领域的确认之举。例如，深圳市腾讯计算机系统有限公司、腾讯科技（深圳）有限公司与浙江搜道网络技术有限公司、杭州聚客通科技有限公司不正当竞争纠纷案①系全国首例涉及微信数据权益认定的案件，杭州铁路运输法院认为网络平台中的数据，以数据资源整体与单一数据个体划分，网络平台方所享有的是不同的数据权益。在刑事司法裁判领域也对非法获取计算机信息系统数据、个人信息等犯罪行为予以制裁。

（3）数据权实现的可能性。

在数字经济时代，数据的安全与利用已经成为不同群体最关注、最直接、最现实的利益问题之一，2020 年出台的《中共中央　国务院关于构建更加完善的要素市场化配置体制机制的意见》，使数据成为与土地、劳动、资本、技术同等重要的第五大生产要素，2022 年出台的《中共中央　国务院关于构建数据基础制度更好发挥数据要素作用的意见》（以下简称《数据二十条》），展现了我国在保护数据利益方面所做的努力，也为数据权的实现提供了政策基础。

数字经济时代，几乎每个人都是信息泄露的受害者。在司法实践中，如不尽快确立数据权的整体保护思路，而按照个案处理，则会面临大量纠纷无法解决的困境或拉高司法成本的代价。因此通过赋权的模式给予不同主体的不同权利，有助于为司法实践确定统一的裁判标准，有助于节省司法成本。

二、数据确权之争：数据权归属

1. 数据确权的必要性与争议

在数据权作为一项新型权利得以证成后，其权利的归属问题即数据确权问题亟待解决。数据确权早已成为社会各界呼吁解决的热点问题。数据确权

---

① 杭州铁路运输法院［2019］浙 8601 民初 1987 号民事判决书。

是释放数据要素价值、赋能经济高质量增长和构建有效数据要素市场的重要前提和基础。[①]

有学者指出，数据确权主要解决以下三个问题：一是数据权利属性，即给予数据何种权利保护；二是数据权利主体，即谁应该享有数据上附着的利益；三是数据权利内容，能明确数据主体享有哪些具体的权能。[②] 本书认为，数据确权，简言之，就是数据有哪些权利以及这些权利应该确认给谁。前文分析了数据具有人格属性、财产属性以及公共利益属性，数据权利相应的也具备人格权属性、财产权属性，以及公共利益属性。我国民事权利体系中，人格权属性的权利内容不存在权利归属的界定问题，人格权必然依附于人存在，与具体个人直接相关，不可分离。因此，讨论数据确权问题，便落在讨论数据权利体系中财产权属性的权利和公共利益属性的权利（力），应归属于哪个或哪些主体的问题上。

在国家政策层面，一直以来都有加快解决数据确权问题的现实需求。2015年《促进大数据发展行动纲要》提出了"研究推动数据资源权益相关立法工作"的要求，2020年的《中共中央 国务院关于新时代加快完善社会主义市场经济体制的意见》中亦提到完善"数据权属界定"的标准和措施，2020年的《中共中央 国务院关于构建更加完善的要素市场化配置体制机制的意见》除了明确将数据作为一种新型生产要素，还提出"研究根据数据性质完善产权性质"。

在立法层面，数据确权问题虽然尚未得到解决，但因为相关法律中有关数据的相关规定，数据确权的讨论在法律层面有了更多的确定性，如《中华人民共和国消费者权益保护法》《网络安全法》《中华人民共和国电子商务法》《个人信息保护法》和《数据安全法》等，对个人数据的采集、利用提出了严格的隐私和个人信息保护要求，对于数据的安全管理与保护更加侧重，但对于

---

① 唐要家. 数据产权的经济分析 [J]. 社会科学辑刊, 2021(1): 98-106.
② 彭云. 大数据环境下数据确权问题研究 [J]. 现代电信科技, 2016, 46(5): 17-20.

商业数据的利用规则与数据利用过程中的持有者、处理者、经营者等多元参与主体的数据权利却鲜有提及。2021 年 1 月 1 日我国开始实施的《民法典》第一百二十七条规定："法律对数据、网络虚拟财产的保护有规定的，依照其规定。"此条被认为是宣示指引性规定，彰显了法律将数据纳入保护的范围，为未来继续探索数据的权利属性预留空间的立法意图。

国内学术界就数据确权问题的讨论一直以来都非常激烈，研究的目的和输出的观点随着数据的发展而变化。在大数据应用与产业蓬勃兴起之初，地方开始成立大数据交易所之时，各方意识到，数据交易的前提是数据产权的明晰。彼时迫切需要数据确权归属理论的支撑以促进数据交易市场发展。当时学术界有关数据确权或数据权属的研究，更多尝试借助或套用民法理论的传统制度，如物权制度、知识产权制度，试图确立相关主体对数据的权利。

从 2019 年起，国家顶层设计明确数据可作为生产要素按贡献参与分配及其基础和战略性地位之后，促进数据要素的开发利用、持续挖掘数据要素价值、解决数据要素配置成为新时期的需求。数据交易模式从传统的数据交易过渡到以数据服务为重点，正如北京国际大数据交易所宣传的，区分数据所有权与使用权，推进"数据可用不可见"。[①] 学术界就数据权属的讨论，更倾向于承认传统民法权属理论难以周全地解决数据权属问题、更多倾向于搁置"所有权"，更注重讨论数据利用过程中相关主体的权利厘清，以便更好地发挥市场激励机制作用，更大地释放数据价值效应。

2. 数据确权的复杂性与路径

数据要素被确认为生产要素意味着可以参与利益分配，数据要素配置与财富分配直接相关，数据确权是数据要素配置的前提。因此，数据确权一旦达成共识，将会影响个体、企业的资产构成和可期待财富乃至影响社会整体的现有利益分配格局，数权确权问题也因此极富争议。同时，因为数据本身的复杂

---

① 张平文,邱泽奇. 数据要素五论:信息、权属、价值、安全、交易［M］. 北京:北京大学出版社,2022:88.

性，数据确权问题也呈现出极大的复杂性。

数据确权之所以成为难点，首要的争论焦点在于数据要素能否成为民事权利的客体。因为数据要素的非物质性、载体依附性，以及非竞争性与非排他性等特征，有学者认为数据无法为民事主体所独占和控制，无法成为民事权利的客体，具有非客体性。① 但当下更多的学者认为，数据要素的非竞争性和非排他性并不影响承认数据确权的必要性，只会对数据权利具体内容产生影响。程啸认为，数据能否成为权利客体不在于自身的特性，而在于法律是否有必要将其作为某种民事权利的客体，立法者可以通过法律规定赋予民事主体对数据某种垄断的专属权利而人为地制造稀缺性。②

本书认为数据发展到今天成为生产要素，已经具备了成为权利客体的可能。但传统大陆法系的"所有权"制度，即所有权人依法对所有物的使用、收益和处分的完全以及排他的权利，与当下时代的数据要素的特性存在天然的冲突。在大数据时代，如果照搬传统的所有权制度模式，赋予权利主体绝对的排他性权利，那么数据的占有者可能更倾向于"捂住"数据，而非允许更多人使用，不利于数据要素价值的挖掘，从而削弱数据要素对推动数字经济发展的作用。此外，物权、合同、知识产权、反不正当竞争等制度框架的构建源自大数据时代之前的立法，其对数据确权的探讨既没有触及数据运作的底层逻辑，也没有涉及数据全生命运作周期的核心链条。数据属性往往高度依赖于具体场景，在不同的场景中对于不同的对象而言，数据可能分属不同类型，无论是既有规范适用还是新型权利理论均回避了数据权利诉求的实质，只能非常有限地回应数据权利诉求，因此缺乏能够覆盖新型数据确权需要的统一学说及解释。③

数据伴随着人类从原始社会经过数万年来到数字化的今天，数据的形态、作用、价值、对人类生活的影响等，经历了几次革命性的变化。大数据时代，

---

① 梅夏英. 数据的法律属性及其民法定位［J］. 中国社会科学,2016(9):164-183.
② 程啸. 论大数据时代的个人数据权利［J］. 中国社会科学,2018(3):102-122.
③ 张平文,邱泽奇. 数据要素五论:信息、权属、价值、安全、交易［M］. 北京:北京大学出版社,2022:85.

作为一种新型生产要素，数据要素从产生开始的整个生命链条很长，数据要素的价值在不断流动和持续开发、利用、挖掘的过程逐渐凸显，这个链条上、这个过程中，附着着多元主体的正当利益，这些主体之间的利益相互交织。为了更合理地分配各方主体的利益，权利划分路径是尚佳的选择。在数据的权利制度设计中，应该充分考虑多方主体的贡献、投入、能力等，在充分尊重和保护个人人格权以及公共利益实现的基础上，考虑经济权利的合理划分，从而激励相关主体的持续创新。因此，数据权属要解决的不是单一所有权的归属，而是确定哪些利益需要保护，构建科学的数据权利体系，形成不同利益主体之间的激励相容。①

三、数据权法律属性及内容体系

1. 数据权法律属性

在数字经济时代，数据权单一属性具有局限性，且越来越多的学者已经认可了数据的多重法律属性，有学者认为数据民事权利是一种新型的民事权利，有财产权、人格权和国家主权的特征。② 有学者认为数据权作为一个包含人身权、财产权和主权法学概念的权利类型，具有私权、公权和主权的多元法律属性。有学者认为需要场景化路径认定，当数据相对于个人信息时，其具备人格权属性；当数据置于市场流通场景时，其具有财产权属性；当数据相对于国家场景时，其具备国家主权属性。③ 本书认为从私法和公法两个角度划分较为合理，数据权的私权属性包括人格权和财产权，公权属性包括秩序、安全及国家主权，数据权应是二者的统一。

（1）私权属性。

1）人格权属性。

数据权具有人格权属性，尤其以个人数据为代表。个人数据与个人信息具

①　唐家要. 数据产权的经济分析［J］. 社会科学辑刊，2021（1）：98-106.
②　李爱君. 数据权利属性与法律特征［J］. 东方法学，2018（3）：64.
③　刘蓓，桂玲丽. 论数据权的法律属性场景化认定与体系架构［J］. 关东学刊，2021（4）：53.

有密不可分的联系，个人信息多以个人数据为表现形式。《民法典》将个人信息保护置于第四编人格权中，表明了立法层面对数据具有人格权属性的认可。《刑法》侵犯公民个人信息罪属于刑法分则第四章侵犯公民人身权利、民主权利罪中的罪名，刑法分则罪名体系代表着犯罪行为所侵犯的权利类型，《刑法》也确认了个人信息所具有的人格权属性。立法层面对数据人格权属性的确认，说明了目前对于个人数据人格权属性的认可。

2）财产权属性。

《数字中国发展报告（2022年）》指出，2022年我国数字经济规模达到50.2万亿元，总量稳居世界第二位，占 GDP 比重提升至41.5%，数字经济成为我国经济稳增长促转型的重要引擎。[①] 数据是数字经济的基础资源及核心资源，经济活动的开展离不开数据的参与，数据具有价值并可以创造价值的属性已经十分明确，数据要素及数据可以作为资产计入财务报表也充分表明了数据权的财产权属性。随着数据交易平台的建立，数据交易在未来的经济活动中将变得更加频繁，无论从立法或实践层面，对数据权的财产权属性均应给予充分的认可及保护。

（2）公权属性。

数据作为一种战略资源，对数据资源的控制与利用都会对国家的经济、文化、政治及外交产生重要的影响。数据安全已经从保护计算机数据安全、个人信息安全层面上升为维护社会秩序、经济秩序、社会安全与国家安全层面，甚至涉及因数据跨境流转而产生的新的国家主权属性。维护数据的安全与交易秩序，是对内发展经济及社会管理的重要一环，同时数据也可以为社会治理提供新的管理依据和管理方向。

数据跨境流转也是数据经济面临的新挑战，国与国之间已经开始了数据争夺战，如数据的本地化存储已经成为流行做法，数据跨境需经监管部门的审核

---

① 新华社.2022年我国数字经济规模达50.2万亿元［EB/OL］.（2023-04-28）［2023-06-921］.https：//www.gov.cn/yaowen/2023-04/28/content 5753561.htm.

等。虽然各国对数据主权的界定各有不同，但在数据主权性质的认定上基本没有分歧。目前的普遍共识认为，数据主权是大数据时代背景下国家主权新的表现形式，也是国家主权的重要组成部分。

虽然数据权具有私权及公权属性，但本书认为不同类型数据权在不同场景下所体现的权利属性侧重点不同，比如个人数据主要是具有人格权属性，应当侧重于人格权的保护；商业数据则更多体现为财产权属性，应当着重于保护其财产权属性，政府数据则应更多从安全与秩序的角度予以保护。在国内经济所进行的数据处理活动，应从维持社会秩序、经济秩序的角度着重保护，而在涉及数据立法、数据跨境治理等方面则更多从数据主权角度保护。

2. 数据权的权利（力）内容体系

基于数据权兼具私权与公权的多元属性，数据权的权利（力）内容必然也是多元化的，数据权是不同权利，甚至权力集合而成的权利（力）束。本书认为，数据权的法治意义应当在公法与私法平衡意义上阐释[①]，对数据权的权利（力）内容体系的界定应当分别从私权利与公权力两个维度出发，同时，以数字经济时代不同参与主体（个人、企业、政府与国家）为脉络，如此界定更具有科学性、实操性与合理性。具体而言，根据数据主体划分，数据权的私权利内容包括个人数据权与企业数据权，公权力内容包括政府数据权与国家数据权。

（1）作为私权利的个人数据权。

大数据时代，每个人都是数据源的主体，凡是单独可以识别出自然人的数据或与其他数据结合后能够识别出自然人的数据皆为个人数据。[②] 个人与其他主体之间的数据法律关系主要是数据信息传递。个人作为私权利主体，对于数据权的利益诉求主要集中在个人信息权益保护方面[③]，因此个人数据

---

① 吕廷君. 数据权体系及其法治意义 [J]. 中共中央党校学报,2017,21(5):81-88.
② 程啸. 论大数据时代的个人数据权利 [J]. 中国社会科学,2018(3):107.
③ 中国信息通信研究院,中国网络空间研究院,北京市金杜律师事务所. 数据治理研究报告——数据要素权益配置路径（2022 年）[R/OL].（2022 - 07 - 15）[2023 - 09 - 21]. http://www.caict.ac.cn/kxyj/qwfb/ztbg/202207/P020220715499261607181.pdf.

的具体权利内容主要是个人信息相关权利内容，即保护个人对其个人信息数据被他人收集、存储、转让和使用过程中的自主决定的权益[①]，具体包括数据决定权、知情权、数据处理介入权。数据决定权是指个人数据主体享有决定其个人数据是否被收集、处理与利用以及以何种方式、目的、范围进行收集、处理与利用的权利。[②] 知情权是指个人数据主体了解其数据如何被处理的权利。数据处理介入权是指保障个人数据主体享有在其数据处理过程中介入数据处理的权利，具体包括查阅权、复制权、可携带权、更正权、补充权、删除权、解释说明权。在个人数据权利束中，数据决定权和知情权是个人数据权最核心的内容，而数据处理介入权只是手段性或救济性权利，旨在保障数据决定权与知情权。

上述权利内容在《个人信息保护法》《网络安全法》等现行法律规范中均有具体对应，特别是在《个人信息保护法》第四章"个人在个人信息处理活动中的权利"作出了详细的规定。

（2）作为私权利的企业数据权。

企业作为数字经济市场最为活跃的主体，与其他主体之间的数据法律关系主要是数据收集、交易与共享，这一法律关系中的财产属性最为突出，财产权益保护也是企业的关注重点。2022年12月，中共中央、国务院发布的《数据二十条》提出建立公共数据、企业数据、个人数据的分类分级确权授权制度，构建数据资源持有权、数据加工使用权、数据产品经营权"三权"分置的数据产权制度，这实际上肯定了企业在数据生产、流通、使用过程中可以享有的合法财产权利，即企业数据权。

具体而言，此处所指的企业数据权是一项用益权，该权利的正当性主要来源于数据主体的授权。按照数据生命周期，将数据生成区分为数据资源采集、数据集合加工利用和数据产品经营三个不同阶段，根据数据主体的授权情况，

---

① 程啸. 论大数据时代的个人数据权利 [J]. 中国社会科学,2018(3):116.
② 李爱君. 数据权利属性与法律特征 [J]. 东方法学,2018(3):69.

在不同阶段企业享有不同权利内容的企业数据权。在数据采集阶段，企业享有数据持有权，指通过自主劳动生产或经由相关数据主体的授权同意，对原始数据、数据资源和数据产品享有的管理、使用、收益和依法处分的权利；在数据集合加工利用阶段，企业享有数据加工使用权，即经由数据持有权人授权，对原始数据、数据资源享有的使用、分析、加工数据的权利；在数据产品经营阶段，企业享有数据产品经营权，即指数据持有权人或经由授权的其他主体作为数据市场主体，对加工数据形成的数据产品享有的自主经营权和收益权。①

（3）作为公权力的政府数据权。

政府作为公权力主体，与其他主体之间的数据法律关系以数据开放、数据共享为主。② 随着治理能力和治理水平的不断提高，政府在履职过程中集聚了大量的数据资源，政府对这一部分公共数据资源享有的相关权利即政府数据权。③ 政府数据权具体包括数据调控权与数据规制权。数据调控权，是指政府为实现数字政府的宏观目标，具有对数据调节与控制等干预活动的权力，具体包括数据共享权、许可使用权、数据获取权。数据规制权，是指政府为保护数据安全，促进数据市场公平竞争，对相关主体实施的直接限制或禁止等干预活动的权力。④

（4）作为公权力的国家数据主权。

数据安全现已被纳入国家安全的重要范畴，我们对数据权的理解范围也应当适当拓宽，从国家层面解释数据权内容的内涵与外延。

大数据时代，随着数据跨境流动越发频繁，如果主权国家不对数据跨境流

① 孙莹. 企业数据确权与授权机制研究 ［J］. 比较法研究,2023（3）:62-63.
② 中国信息通信研究院,中国网络空间研究院,北京市金杜律师事务所. 数据治理研究报告——数据要素权益配置路径（2022 年）［R/OL］. （2022-07-15）［2023-09-21］. http://www. caict. ac. cn/kxyj/qwfb/ztbg/202207/P020220715499261607181. pdf.
③ 清华大学技术创新研究中心. 媒体关注·光明网|探索多元主体协同共创机制,加快释放数据要素价值 ［EB/OL］. （2022-03-18）［2023-09-21］. https://mp. weixin. qq. com/s/XYp-J-4dplcz0 ReRfelmQ.
④ 张钦昱. 数据立法范式的转型:从确权赋权到社会本位 ［J］. 经贸法律评论,2023,26（1）:7-8.

动进行监管，将必然导致大型跨国企业直接主导数据的跨境传输①，进而掌握数据流动的规则制定权。基于这一现实挑战，传统国家主权观念遭受冲击，国家主权可能被弱化，在传统国家主权理论的基础上，国家数据主权应运而生。国家数据主权是指国家对其政权管辖地域内的数据享有的生成、传播、管理、利用和保护的权力。② 按照传统国家主权理论，国家主权包含平等权、管辖权、独立权、自卫权等内容，国家数据主权作为国家主权在数据空间的延伸③，其主要内容也应当包含数据平等权、数据管辖权、数据独立权、数据自卫权等。

综上所述，数字经济时代的数据权的权利（力）内容体系是一个集合多种私权利与公权力构成的复合型权利（力）体系，具体权利（力）内容体系如图 1-1 所示。

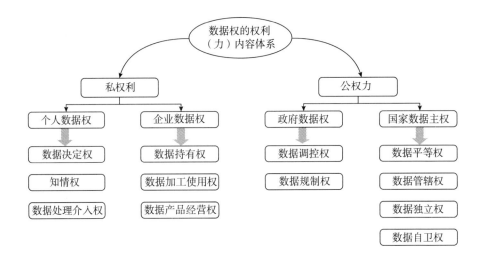

图 1-1　数据权的权利（力）内容体系

① 丁晓东．数据跨境流动的法理反思与制度重构——兼评《数据出境安全评估办法》[J]．行政法学研究,2023(1):67.
② 大数据战略重点实验室．数据法 2.0:数权的制度构建 [M]．北京:社会科学文献出版社,2020:190-191.
③ 张钦昱．数据权利的归集:逻辑与进路 [J]．上海政法学院学报(法治论丛),2021,36(4):125.

第三节　刑法保护视角下的数据法益

大数据时代，浩瀚的数据蕴含着巨大的经济价值、社会价值、国家战略价值。毋庸置疑，无形的数据代表着当下数字经济社会最核心的资源和最重要的利益，甚至影响社会的价值观和未来的方向。数据的巨大价值、权属界定的尚无定论、多元主体的利益纠葛等因素引发不法分子的觊觎，频发的涉数据不法行为、数据犯罪活动和日趋严峻的数据犯罪态势成为传统刑法治理体系面临的最新挑战。刑法，是主权国家制定的规定犯罪及法律后果的法律，是主权国家的一种有组织的反应，面对数据不法行为，刑法如何发挥其法益保护功能，为数据保护提供最后一道法律防线，成为当下刑法理论界以及实务界的重要议题。其中，首要问题是数据是否蕴含需要刑法保护的法益以及法益内容的界定，因此数据法益问题成为刑法学界研究数据刑法保护的起点。

本节通过刑法法益的生成逻辑的分析，说明数据本身蕴含着值得刑法保护的新型法益，通过梳理刑法学术界有关数据法益内涵的不同观点学说，厘清数据法益的性质内容与对象内容，以便为本书后续相关议题的研究提供一定的理论支撑。

一、刑法法益的生成逻辑

1. 刑法法益理论的流变

关于刑法法益概念的产生与确立，可以追溯到 18 世纪末、19 世纪初费尔巴哈提出的权利侵害说。19 世纪初期人权思想兴起的历史时期，权利侵害说盛行，该观点认为犯罪是侵害他人权利的行为，故没有侵害权利的行为不是犯罪。但是，用权利的观念并不能完全说明实定法所规定的犯罪，有些行为并没有侵害具体权利人的权利，但仍然被实定法规定为犯罪，如警察犯（后来的行政犯）、宗教犯罪、风俗犯罪等，于是，权利侵害说被法益侵害说取代。李斯特指出："法益是法所保护的利益，所有的法益都是生活利益，是个人的或者共同社会的利益；产生这种利益的不是法秩序，而是生活；但法的保护使生活利益上升为法益。"① 犯罪便是侵害由法所保护的生活利益的行为。由于法益侵害说可以说明各种具体犯罪的本质，故成为德国、日本等大陆法系国家刑法理论上的通说，我国现行刑法从许多方面认同了法益侵害说。②

法益思想在社会发展水平较低的资本主义社会早期，以自由主义为其重要基础与核心价值取向，法益的自由保障机能尤为重要，用以对抗权力主体的司法滥用与权利侵害。在科学技术进步、社会经济高速发展的背景下，社会生活的复杂性加剧，危害社会秩序的行为不断发生，尤其是乌尔里希·贝克所言的"风险社会"的出现，安全成为社会层面需要正视的问题。基于此，除了依靠发展科技、加强管理及行为引导等措施进行干预外，刑法层面上的变化日益成为控制社会风险发生的风向标，对法益的秩序保护机能得以凸显。

法益思想从最初的提出到大数据时代，从重视权利保障机能到秩序保护机能凸显，保持着与社会发展和社会实践相适应的步调，"法益的内容总是随着社会的发展而不断变化"。③ 在法益不断发展变化的过程中，有必要厘清法益的形成机制，才能为新兴事物能否被纳入刑法法益范围提供证明标准。④

2. 刑法法益的形成机制

判断一个事物能否成为刑法的保护法益，应当遵循特定的判断规则。刑法法益是来自具体社会环境下的经验事实，是先于法律规范而独立存在的，使立法者能够以彼为事实根基进行价值评判以发掘法益、建构规则。此外，刑法法益还应该接受宪法的价值评判，经过规范的承认，即在宪法指引下的比例原则在部门法规范结构和制裁配置中的分配展开，尤其是刑法最后手段性以及由此决定的刑法相对独立性的规范选择与立法建构。因而，刑法法益既是前置法与

① 大塚仁. 刑法概说：总论 [M]. 改订增补版. 东京：有斐阁，1992：83.
② 张明楷. 新刑法与法益侵害说 [J]. 法学研究，2000（1）：19-32.
③ 张明楷. 网络时代的刑事立法 [J]. 法律科学，2017（3）：69-82.
④ 黄鹏. 数据作为新兴法益的证成 [J]. 重庆大学学报（社会科学版），2022，28（5）：192-206.

刑法对于承载宪法价值秩序之社会经验事实的逐级规范承认的产物，又是前置法和刑法按照宪法比例原则层级展开的规范保护或制裁比例分配的结果。①

二、新型数据法益的证成

1. 数据蕴含值得刑法保护的法益

（1）经验事实依据。

社会公众是初始数据的来源主体，而经过加工处理过的数据或数据产品是为了不特定多数人享有和使用的，否则大数据、数据产品就失去了发展的意义，因此，数据蕴含的利益是能够被不特定多数人享有的利益。数据虽然是无形的，但其蕴含的利益却是社会公众可以直观认识和把握的客观存在事物，否则不会存在当下数据多元主体的利益诉求，这些利益是可以从资源、技术和应用等不同层次进行管理的，且这些数据利益的重要性在大数据时代日益凸显并已被充分认识。

数据利益的重要性使得数据成为不法行为甚至犯罪行为的侵害对象。大数据时代，数据不法行为和数据犯罪的频发证明了数据正面临着现实的侵害和可预见的风险，数据利益的主体是不能以其自身的力量有效保护数据，而其他法律也仅能从其功能上提供一定程度的保护，刑法作为法治的最后一道防线，可以说责无旁贷。数字经济正在如火如荼地发展中，针对数字经济社会最核心的资源——数据而发生的犯罪行为正在逐渐演变成危害数字经济安全与稳定、阻碍数字经济健康发展的重大隐患。"在大数据时代，创造数据、存储数据、记录数据、运用数据成为新常态。但是，云计算、大数据带来的数字安全隐患，庞大的'数据池'将数字革命中的个体卷入'数字化'的黑洞，个体的独立意识、隐私权益等都统统失去既有的保护。"② 鉴于数据在大数据时代对于社会生活几乎全领域的强势渗透，数据犯罪风险的严重性已无需赘言。与传统犯

---

① 田宏杰. 刑法法益:现代刑法的正当根基和规制边界 [J]. 社会科学文摘,2021,61(1):68-70.

② 高铭暄. 当代刑法前沿问题研究 [M]. 北京:人民法院出版社,2019:234.

罪相比，数据犯罪的风险还具有蔓延性，即因为网络技术的发展，单一风险能够通过网络空间迅速扩散、传导，仿佛多米诺骨牌的坍塌，单个犯罪引发的风险会通过网络空间中的信息传播不断增强，从而影响更多其他相关领域，而数字社会各个领域都是通过网络紧密相连的，因此单个风险就可能全方位地蔓延开来。①

数据犯罪是在大数据时代数据价值被逐步认识的过程中日益频发和逐渐严峻的，这是来自大数据时代具体环境下的客观事实，先于法律规范而独立存在，理论界和立法、司法实务界方始对其进行价值评判以发掘法益并建构规则。

（2）规范承认依据。

刑法上的法益证成需要有宪法上的依据。在宪法层面，数据中包含的利益，无论是私法属性的人身权利益、财产权利益，或是公法属性的国家利益，都是我国宪法明确予以保护的利益。具体而言，数据所表征的信息内容与宪法所确定的利益形成规范连接点，其不仅与人身安全、人格尊严等人的基本权利直接关联，而且与公共利益、公共安全、国家安全等重大利益直接关联。②

在其他法律层面，已出台的《民法典》《个人信息保护法》《数据安全法》等法律也承认了数据蕴含的利益需要保护，特别是《数据安全法》的实施，就是基于数据对个体、社会和国家的重要价值而作为法益保护的立法宣示。③虽然有关数据的前置法律体系尚不完善，但能够说明数据法益是经过了规范的承认，而刑法作为最后的保障法，认可数据法益的刑法地位具有合理性和必要性。

因此，通过上文法益的形成机制审视数据利益，可以确定数据蕴含值得刑法保护的法益。需要说明的是，并非任何数据利益都可以上升至刑法法益，因

---

① 江溯．罪刑法定原则的现代挑战及其应对［J］．政法论丛，2021,202（3）：103-114.
② 赵春玉．大数据时代数据犯罪的法益保护：技术悖论、功能回归与体系建构［J］．法律科学（西北政法大学学报），2023,41（1）：102.
③ 黄鹏．数据作为新兴法益的证成［J］．重庆大学学报（社会科学版），2022,28（5）：204.

为刑法作为制裁措施最为严厉的部门法，不可能将程度不同的所有危害社会的行为均纳入规制范围，也不会将所有利益因素均纳入保护范围，某种数据只有经过前述的法益形成机制的审视以及利益衡量之后，才能被视为刑法所必需保护的法益。[①]

2. 数据蕴含值得刑法保护的新型法益

上文中已经通过数据法益的形成机制的审视，证明了数据蕴含值得刑法保护的法益。在本段中，将继续审查数据法益是否构成新型法益。

所谓新型法益是尚未被立法明确规定，但又不违反禁止性原则，能够被一般条款所涵摄、覆盖的利益形态，主要分为两种类型：一是有些利益以前没有被纳入刑法保护甚至没有被认为是一种利益，现在需要由刑法加以保护；二是业已受到刑法保护的传统法益，在新时代背景下衍生了新的内容，外延发生了变化。"一种利益是不是新型法益是根据社会关系、社会生活事实判断的。"[②] 法益来源于生活利益，而随着社会的发展与进步，人类的社会生活复杂性加剧，生活利益的种类与内容也越发丰富，相应地，刑法所保护的法益也随之延展，传统法益因为新的内容的加入而向新型法益进阶。在大数据时代，数据内在的技术优势、应用空间与功能范围、经济效应和财富价值是数据可以作为新型独立法益的基础[③]，并且，由于数据本身的独立性和多重属性、数据主体的多元性、数据权属内容构成的多样性与复杂性等因素的共同作用，使得有关数据的利益也呈现出外部多样形态、内部复杂结构、多元主体利益相互交叉的特点，正是数据法益的多元层次性和复杂性决定了数据法益的新型独立性[④]，这就使数据法益较之传统法益存在实质上的新情况、新内容，因此，数据法益是大数据时代的新型法益，具有独立的刑法地位。

---

① 张勇. 数据安全法益的参照系与刑法保护模式 [J]. 河南社会科学，2021,29(5):45.
② 张明楷. 法益初论:上册 [M]. 北京:商务印书馆,2021:187.
③ 孙道萃. 大数据法益刑法保护的检视与展望 [J]. 中南大学学报(社会科学版),2017,23(1):58.
④ 赵春玉. 大数据时代数据犯罪的法益保护:技术悖论、功能回归与体系建构 [J]. 法律科学(西北政法大学学报),2023,41(1):102.

三、数据法益的内涵

经本章前述内容的论证，数据法益是值得刑法保护的新型法益，此观点也是当前刑法学界较为普遍认可的观点。但就数据法益这项新型法益的具体内容，刑法学界存在很大的分歧。本书对刑法学界就数据法益具体内容的代表性观点进行梳理，并尝试厘清数据法益的性质内容与对象内容，希冀为数据的刑法保护奠定理论基石。

1. 数据法益内涵观点梳理

（1）数据法益作为单个法益。

1）数据安全法益。

"数据安全"概念最早由学者 Saltzer 和 Schroeder 于 1975 年提出，目的是归纳当时出现的未经授权泄露、修改、使用数据等不法行为的法律风险。"数据安全"三要素又称"数据安全三性"，包括数据的保密性（confidentiality）、完整性（integrity）和可用性（availability）。数据的"保密性"是指确保数据免受未授权人探知、获悉或使用，"完整性"是指确保数据不被修改或损害，"可用性"是指确保权利人能及时、有效地获取、使用数据。从 20 世纪 80 年代开始，世界各国开始将数据安全保护作为核心展开数据立法。如美国以数据安全的社会信赖感为规范基础建构数据犯罪的各项规定，美国联邦《计算机欺诈与滥用法》（Computer Fraud and Abuse Act，CFAA）规定了侵入、取得、删除、变更电脑数据等行为属于违法犯罪行为。德国则是将数据犯罪分别置于欺诈罪章、妨害秘密罪章、伪造文书罪章与毁损罪章之中。我国《网络安全法》第十条也明确规定保护"网络数据的完整性、保密性和可用性"。

有学者主张我国刑法应提倡数据安全法益，认为相较于计算机信息系统安全法益，数据安全法益是基于数据自身内容、使用价值和侵害风险所进行的独立规范评价，能更合理地解释数据犯罪的构成要件。首先，它以数据安全的不同保护需求来界定"数据"本身。其次，它依据数据安全的不同侵害侧面来解释数据犯罪的行为要件。最后，它以数据安全法益侵害程度来评价数据犯罪的行为后果。当前我国数据犯罪的立法规定与司法解释均未能围绕数据安全法益来解释数据犯罪的构成要件，导致数据安全法益的立法批判功能和解释适用功能均未能正常发挥。因此，未来数据犯罪的解释适用应着重将数据安全法益纳入数据犯罪的构成要件之中，为数据犯罪的司法适用提供新的解决思路和依据。[1]

2）数据状态安全法益。

熊波教授认为：数据法益应当是一种独立新型法益，其指向数据状态安全内容。通过反思既有数据法益依附性刑法模式（既有的数据法益内容是一种典型的传统法益依附性模式，数据法益要么完全依附于个人信息法益、财产法益、社会秩序法益，要么折中依附于多元传统法益内容组合和数据性质法益）存在数据犯罪和信息犯罪认定的界限模糊、无法准确区分数据犯罪的多个关联罪名等问题，来构建数据法益独立性本体概念和体系要素。独立性法益概念强调数据状态安全，而依据数据状态的不同功能，数据状态安全存在数据有效性运行状态、合法性运作状态和数据防御状态的安全利益类型，这三种数据法益类型构成数据法益的体系要素，和与之相对应的罪名组合成独立体系。[2]

3）数据管理秩序法益。

刘宪权教授认为，数据犯罪所侵害的法益是一种独立于传统法益的新型法益，即国家数据管理秩序。国家数据管理秩序并非国家法益、人身法益和财产法益等众多传统法益的集合，而应指所有类型数据所共有的法益，即包含涉及个人信息、商业秘密、国家秘密以及其他一般信息等各类具体数据所蕴含权益的交集部分。这个交集部分就是所有数据均有的共通之处，即均为了社会管理的便利而存在。该共通之处就是指数据蕴含着具有社会属性的公法益，实则为

---

① 杨志琼. 我国数据犯罪的司法困境与出路:以数据安全法益为中心 [J]. 环球法律评论,2019, 41（6）:151-171.

② 熊波. 论数据法益独立性刑法模式 [J]. 安徽大学学报(哲学社会科学版),2023,47（2）:67-76.

国家数据管理秩序。国家数据管理秩序具有防止国家安全、人身、财产等法益受到侵害的功能特征。数据管理秩序依然是一个相对宏观的概念，根据数据全流程的各个阶段，我们可将数据管理秩序进一步细化为数据流通管理秩序、数据分析管理秩序、数据存储秩序和数据使用秩序等。[①]

（2）数据法益作为复合法益。

有刑法学者在认可民法学界对于数据权利包括数据私权属性（以个人数据权利和企业数据权利为双核心）与数据公权属性（以数据主权为核心）的数据权属观点的基础上，认为数据法益应为一个法益群，其中个人数据是一种纯正的新型法益，企业数据和国家数据则是一种不纯正的新型法益。数据法益可以分为原始的价值性利益和派生的工具性利益。数据法益的对象内容，具体可以表现为数据的有用性、完整性、保密性和安全性。[②]

有刑法学者认为，应以"法益束"理论作为数据法益的分析框架，数据法益是与数据相关的多项利益的集合，具有复合性的特征；其内部结构包括数据人格法益、数据财产法益、数据安全法益，外部形态分为个人数据法益、企业数据法益、公共数据法益。解析数据法益的内部结构需要遵循法益位阶性原理，按照一定的价值位阶顺序，对数据法益所蕴含的内容（利益）进行价值排序，并依据其价值次序形成从上到下的刑法保护阶梯。所谓法益保护位阶是指权利、安全和秩序这三种法益形成一种价值梯度关系。其中，权利是基础，处于优先保护的地位；秩序和安全是权利行使的社会环境，对于权利实现具有保障性的作用。[③] 基于法益的位阶性，应在对法益的类型进行区分并权衡其位阶的基础上，分别设定不同的刑法保护力度。根据在先权利限制原则和法益保护位阶法则，当某一行为同时侵犯数据私法益与数据公法益时，应优先适用保护数据人格法益或数据财产法益的罪名，而保护数据安全法益的罪名起兜底

---

① 刘宪权. 数据犯罪刑法规制完善研究 [J]. 中国刑事法杂志,2022,209(5):20-35.
② 黄鹏. 数据作为新兴法益的证成 [J]. 重庆大学学报(社会科学版),2022,28(5):192-206.
③ 陈兴良. 虚拟财产的刑法属性及其保护路径 [J]. 中国法学,2017(2):158.

作用。①

此外，还有刑法学者认为，可以从定性和定量两个角度结合数据法益的公私双重属性，对数据的不同类型、不同数据的入罪门槛进行详细界分，进一步厘清数据法益的内涵，为数据法益的刑法保护框定合适的范围。首先，数据可划分为公开性质和非公开性质两大类。非公开性质的数据，又可细分为低价值密度数据、常规高价值密度数据及重大高价值密度数据，其区分依据主要是数据的复杂性和价值大小，以及它们与公共利益、国家安全等重要议题的相关性。其次，对数据的类型进行区分后，我们需要进一步对其进行定量分析。定量的标准不仅包括数据本身的损害程度、数据拥有者的经济损失，也需考虑该数据所引发的社会整体风险等与公共利益有关的要素。最后，为了保护数据，我们应根据不同程度的侵犯行为，对数据的私密性、完整性和可用性进行不同的保护措施。这种保护既基于我们对数据的深入理解，也符合法律框架的要求。

可以从定性、定量两个角度结合数据法益的公私双重属性，对数据的不同类型、不同数据的入罪门槛进行详细界分，进一步厘清数据法益的内涵，为数据法益的刑法保护框定合适的范围。首先，在定性层面，数据可以划分为公开性数据与私密性数据，私密性数据又可以根据其价值密度进一步划分为低价值密度数据、常规高价值密度数据与重大高价值密度数据，其中，低价值密度数据多为基础信息的简单集合，是数据的初级形态，如个人电子终端设备中直接产生的浏览痕迹等；常规高价值密度数据，是经相关主体根据特定逻辑进行较为复杂的计算、整合后得到的数据，其价值密度已经很高，但尚未涉及重大公共利益；重大高价值密度数据，则是指涉及公共利益、国家安全等重大利益的数据，这类数据来源于前两种数据，但其重要性程度更高。不同的数据类型涉及不同种类的利益，因此，数据同时包含个人利益、集体利益，兼具私法与公

---

① 刘双阳.数据法益的类型化及其刑法保护体系建构［J］.中国刑事法杂志,2022,210(6):37-52.

法的双重属性。其次，在定量层面，定量标准不仅包括数据本身的损害程度、数据权属主体经济损失等，还应考虑该数据侵害行为对社会整体产生的风险等与公共利益相关的内容。因此，对数据的保护可以根据侵犯行为的不同程度分为对数据的私密性、完整性和可用性的保护。[①]

2. 数据法益内涵的厘清

前述仅是数据法益内容的部分学说，其他诸多观点限于篇幅，不逐一列举。学者们在提出并论证各自观点时均通过各种分析方法进行逻辑自洽，而无论如何周密地分析与论证，每种观点，无论是其结论、论证的方法、援引的实例或其他佐证意见等，都有不同学者持赞同意见，也同样有反对意见加以辩论或驳斥。目前被大多数学者所认同的是数据蕴含值得刑法保护的新型法益，而对于数据法益的具体内涵尚没有且近期很难形成令多数学者满意的通说，这不能不说是个遗憾。不可否认的是，在这个数据至关重要的时代，面对数据犯罪的来势汹汹，刑法应以积极的姿态来应对数据保护的诉求，而合理厘定数据法益的内涵则无疑是构建我国数据法益刑法保护法律规范体系的至关重要的第一步。

（1）数据法益内涵的厘定原则。

对于数据法益内涵范围的厘定应遵循的原则，笔者认为至少应包括：第一，明确价值取向。在大数据时代，数据保护与数据的流动共享具有同等重要意义，不宜再拘泥于互联网初期对计算机信息系统及其存储的数据与程序的静态保护，而应侧重关注对数据的动态流动过程中的数据利益保护。此外，还应当重视数据法益的多元性，在促进数据要素流通共享、价值释放的诉求下，在重视数据财产属性的同时，兼顾个人权利的尊重与保障以及对秩序与安全的考量。第二，肯定数据公法、私法兼而有之的双重属性。数据兼容着个体利益与集体利益，数据法益承担着正确识别与判断哪些数据应当纳入刑法保护范围的

[①] 何群,林锦涛. 论我国数据法益刑法保护之法益内涵 [J]. 太原理工大学学报(社会科学版),2023,41(2):59-67.

任务。因此，数据法益产生伊始便确定了其公私法的双重属性。[①] 第三，立足现实又兼顾前瞻性。立足现实包括充分考虑当下大数据时代已经和正在发生的现实侵害和可预见的现实风险，来判断数据法益应有之内涵；兼顾前瞻性探索是指我们仍处在大数据时代初期，对于数字社会未来的发展、数字文明的走向仍在想象或是猜测中，互联网 3.0、元宇宙、大语言模型、人工智能、AIGC等术语的内涵还有待进一步厘清。面对数字文明这个宏大的叙事，对于数据法益内涵的考虑兼顾一定程度的前瞻性探索，也是一种未雨绸缪。

（2）数据法益的具体内涵：数据安全。

数据法益在传统的网络犯罪语境下，更多的是依附于刑法中的危害计算机信息系统犯罪，换言之，在传统讨论语境下，数据法益并未从计算机信息系统安全法益中脱离出来。然而，互联网技术的发展使得数据的重要性上升、数据的独立性不断增强，依赖计算机信息系统安全法益作为数据保护刑事规制的立足点，难以支撑数据法益的完整内涵，数据法益的对象内容也有待厘清。

本书赞同杨志琼教授的观点，以数据安全作为数据法益的对象内容，同时，对于数据安全的界定应该是多元化多层次的。我国的数据法益对象内容中的数据安全法益应包括数据自身安全法益和数据利用安全法益。[②]

数据自身安全法益的基本要素是数据的保密性、完整性、可用性，适用于数据内容层，确保数据静态安全。其中，保密性指只有有权限的主体才能访问、获取、存储、删除、使用以及处分数据；完整性指确保数据不被修改或损害，可以真实地反映客观对象；可用性指权利人能及时、有效地获取、使用数据。这是以数据排他性为基础，构建数据的静态安全边界保护，是一种消极防御权能。

数据利用安全法益的基本要素是数据利用的可控性，适用于数据应用层，

---

① 何群,林锦涛. 论我国数据法益刑法保护之法益内涵 [J]. 太原理工大学学报(社会科学版),2023,41(2):59-67.
② 杨志琼. 我国数据犯罪的司法困境与出路:以数据安全法益为中心 [J]. 环球法律评论,2019,41(6):151-171.

确保数据的流通共享。这是以数据的公共属性为基础，以充分挖掘数据的经济价值为目标，构建数据的动态流通利用框架，是一种积极利用权能。

事实上，数据安全法益已得到刑法前置法的确认，如《数据安全法》第三条将数据安全定义为"数据处于有效保护和合法利用的状态以及具备保障持续处于安全状态的能力"，刑法应当尊重前置法的价值取向，适时明确新型法益的内涵，将数据法益确定为包含数据自身安全与数据利用安全的数据安全法益，从而实现维护数据安全与促进数据共享流通的价值平衡。

本书认为应当从一种相对开放的视角看待数据法益，在前述法益内涵厘定原则基础上，肯定数据安全法益是一种复合法益。数据安全法益中的数据自身安全与数据利用安全内容可以映射刑法中人身权利、财产权利、社会秩序与国家安全的多元法益。

一方面，数据自身安全保障权利主体享有保持数据的保密性、完整性、可用性的权利，这主要涉及数据相关人身权利与财产权利的保障。具体而言，大数据时代的数据信息越来越个人化和个性化，在个人数据信息被收集、存储和处理后，根据人的行为模式并利用数据挖掘技术可以预测、量化和配送个性化的信息，进而能产生巨大经济利益。在巨大经济利益的驱使下，围绕着个人信息收集、存储和处理已经形成了分工合作、彼此依赖、利益共享的黑色产业链。因而大数据处理经常被等同于对个人数据信息的处理，由大数据引发的法律问题也主要是围绕着对个人基本权利和自由的侵害以及保护的问题展开中①，由此，数据自身安全法益就涉及数据表征的个人信息中所承载的人身权利。此外，数据作为一种市场交易要素，其通常扮演着数据资源的角色。数据资源在社会发展过程中具有价值性和交易性，特别是加工处理后的数据资源具有更高的商业价值与交易价值，这体现的是财产属性。侵害数据安全的刑事不法行为通常指的是数据所蕴含的财产利益，此时，刑法保护数据对象旨在保护

---

① 赵春玉．大数据时代数据犯罪的法益保护：技术悖论、功能回归与体系建构［J］．法律科学（西北政法大学学报），2023，41（1）：103．

数据的财产价值属性，数据自身安全法益包含财产法益是毋庸置疑的。[①]

　　另一方面，数据利用安全则主要涉及秩序与安全的法益考量，确保在数据的积极利用相关行为不会对社会秩序与国家安全造成威胁，这就映射了刑法中的社会秩序与国家安全法益内容。在大数据时代，随着数据技术迭代引发的数据规模的爆炸式增长，数据不仅成为一种交易产品，还逐渐演化为一种公共服务设施或是公共产品，成为政府或是国家主体积极利用的对象，与此同时，数据安全的脆弱性与易受攻击性也日益突出，在此背景下，社会秩序必然成为保障数据安全的刑事治理着重考量的因素，也成为数据安全法益保护的重要内容。此外，在数据的利用过程中排除他人对本国数据的非法占有、处理与管理，是维护我国数据安全，进而维护国家主权与国家安全的重要任务[②]，国家安全内容也应当被纳入数据安全法益项下数据利用安全的法益内容范畴。

　　需要注意的是，在数据流通的不同环节，刑法关注的数据安全法益的内容性质侧重点会发生变化。如在数据交易环节，数据流通的背后是财产权益的变动，此时刑法的保护重点是财产法益；而在政府数据开放环节，政府将在履行公共管理职能过程中积累的适合开放使用的数据向社会提供，成为大数据时代政府提供的公共基础设施或公共服务，此时数据的流通更多涉及的是对公共秩序的维护与保障，因此刑法的保护重点是秩序与安全。

第四节　小结

　　法哲学家拉伦茨曾言："法律解释者都期望在法律中寻获其时代问题的答案。"而数据、数据权与数据法益界定的课题，既可以考验现代法益理论的解释力，也可以发掘刑法理论的新的知识增量点。大数据时代浪潮下，数据的高

[①]　熊波. 论数据法益独立性刑法模式［J］. 安徽大学学报（哲学社会科学版），2023,47（2）:68.
[②]　何群,林锦涛. 论我国数据法益刑法保护之法益内涵［J］. 太原理工大学学报（社会科学版），2023,41（2）:61.

速流转释放出多元价值，权利、安全与秩序的利益在激流中碰撞，刑法应当随着时代的变迁作出理论的重释。从数据到数据权，再到数据法益，是刑法保护数据的脉络展开，也是对大数据时代的积极回应。

本书认为，提及数据，应指其经过漫长历史进程在信息技术发展到当下时日的新形态，即大数据时代的数据或大数据，其呈现为电子化或比特形式的信息载体，既包括其内容层的信息也包括其符号层的数据文件，是海量数据的集合，其数量之大、种类之多、增速之快，使得人类对客观世界的认识得以从局部到整体、从因果关系到关联关系转变，数据可以不断进行价值挖掘，已经成为数字时代最核心的经济资源和新型生产要素。而数据权实际上是私权利与公权力在数据空间的延伸，数据权的私权属性包括人格权和财产权，公权属性包括秩序、安全及国家主权，数据权是私权利与公权力的统一。在肯定数据权的双重属性基础上，本书认可数据蕴含值得刑法保护的新型法益——数据安全法益，具体包含数据自身安全法益和数据利用安全法益，同时映射出刑法中的人身权利、财产权利、社会秩序与国家安全的多元法益内容。刑法应当以开放包容的姿态对数字经济时代作出回应，从当下与未来两个维度共同构筑数据安全的刑事法律屏障。

第二章

从计算机到数据

——我国数据犯罪的刑法治理模式演进和司法困境

大数据时代，刑法如何平衡数据安全与利用，有效地开展数据犯罪治理活动，是推动以数据要素为核心的数字经济的重要议题。自 1997 年《中华人民共和国刑法》颁行至今，经过长达 26 年的刑法修正案、司法解释、司法指导性文件的不断完善，我国业已形成以刑法为核心的多层次的数据权刑法保护之网。但是，现行刑法有关数据犯罪的治理模式尚未满足数字经济时代的发展需求，使得既有规范未实现对数据法益的全面保护，呈现出重信息及计算机信息系统保护而轻数据财产权益保护、重静态数据安全保护而轻动态数据利用保护的特点，从而导致司法适用混乱，即相同事实适用不同罪名，刑罚目的难以实现等司法困境的产生。

数据已成为独立生产要素，数据法益的性质包括人身权利、财产权利、社会秩序与国家安全等多元法益内容，数据利用与数据安全是当下实现数据治理的基本目标。不同类型数据具有的数据法益性质内容重点不同，在刑法保护层面应当有所区分，本章梳理了数据犯罪的刑法治理模式并剖析了面临的司法困境，以科学、全面、有效地保护数据法益为目标，希望为完善数据犯罪的刑法治理提供思路，进一步发挥刑法作为最后的保障法的重要作用。

第一节　刑法对数据权的保护方式回溯

一、数据权刑法保护概述

进入大数据时代以后，侵犯数据权的行为增长迅速且复杂多变。在立法层面，随着《网络安全法》《个人信息保护法》《数据安全法》等重要法律的出台，我国数据权保护的规范体系初步形成，刑法作为对数据权保护的保障法，也进入了重塑数据权保护的关键期。

刑法的任务在于保护法益，法益是构建刑法分则罪刑规范体系的基石。[①] 在我国，理论界及司法实践均未对数据权内涵和外延形成统一的共识，刑法也尚未针对数据权设置专门的章节条款予以保护，更遑论以数据法益为核心的罪刑规范体系的建立。刑法对数据权的保护散落于刑法分则多个章节罪名之中，各相关罪名设立的初始目的也并非专门保护数据权，而是保护数据载体背后的国家信息安全、计算机系统安全、个人隐私权、个人信息安全、商业竞争秩序等各种具体法益。

在现有学术研究中，存在数据犯罪、网络犯罪、计算机犯罪、信息犯罪、商业秘密犯罪等多种说法。数据虽然与计算机、信息等存在密不可分的关系，却又不能完全等同，数据是记录信息的载体，数据和信息是一对紧密联系的概念。伴随着以5G、物联网、云计算、大数据、人工智能等为代表的数字技术的革命性发展，越来越多的数据通过计算机产生、存储及处理，保护数据权与保护计算机信息系统不断交叉，如何明确数据犯罪的概念成为区分数据犯罪与相关犯罪，以及开展数据犯罪的刑法治理模式研究的首要任务。

1. "数据犯罪" 概念界定

事物概念的初始形成与其时代背景和问题导向相关，即其初始概念往往对

---

① 于改之. 从控制到利用:刑法数据治理的模式转换 [J]. 中国社会科学,2022(7):56.

应着事物产生的历史背景以及原本要解决的问题或实现的目的。鉴于此，事物概念的内涵与外延也会随着世事的变迁与事物本身的发展而改变。"数据犯罪"成为四字固定搭配进而成为当前学术界普遍接受和使用的术语，是从大数据时代数据价值被挖掘与觊觎、数据不法行为骤增且日益严峻开始，随后逐渐被关注、使用，日益成为法学理论界的研究重点。

大数据时代，一切以数据为中心，数据已全面渗透进社会的方方面面。在数字经济社会，数据及其挖掘堪比开采"石油"与"钻矿"，它被不停地生成、采集、存储、整理、分析与使用，已经成为一项新的生产要素。数据"引领着新一轮的科技创新和科技革命，成为新经济的智能引擎"。① 近年来，大数据、物联网、云计算、人工智能等新兴技术的快速迭代将数据的能量与潜力释放出来，使数据价值与数据利用直接挂钩，再加上非法数据牟利诱惑巨大，流量劫持、删库、撞库打码、网络爬虫、外挂干扰等涉数据不法行为层出不穷，这些不法行为不断引发纠纷，严重的甚至构成犯罪。

较之于互联网初期的计算机犯罪，大数据时代的新型涉数据犯罪行为有其显著的代际特征：样态复杂化，手段智能化、行为方式多样化、行为对象精准化、危害结果多元化等。大数据环境下数据集中分布且数据量不断增大的特点给数据安全保护带来新的威胁，形成了以数字化形式收集、处理和使用数据的数据犯罪。数据犯罪以账户、访问控制数据为核心，并扩展至电子痕迹、生活行为、城市管理等各种非结构化数据，以及物联网、智能手机、可穿戴设备等多终端数据。② 这是互联网 1.0 和互联网 2.0 时代的计算机犯罪、网络犯罪的迭代升级，不仅使传统犯罪的场所从物理空间拓展至网络空间，而且也使数据犯罪的智能化、自动化成为可能。③

"数据犯罪"这一术语已经被法学理论界接受和普遍使用，但其具体的含

---

① 程啸. 论大数据时代的个人数据权利 [J]. 中国社会科学,2018(3):103.

② 于志刚,李源粒. 大数据时代数据犯罪的制裁思路 [J]. 中国社会科学,2014(10):101 – 102.

③ 索朗热·戈尔纳奥提. 网络的力量:网络空间中的犯罪、冲突与安全 [M]. 王标等译. 北京:北京大学出版社,2018:32.

义和范围仍存在不同观点。多数学者认为数据犯罪是指以数据或大数据为犯罪对象的犯罪，其意在侵害数据的保密性、完整性和可用性，这类犯罪是"纯正的"网络数据犯罪①，或称其为狭义的数据犯罪；有的学者则认为数据犯罪还应该包括以数据为犯罪工具和媒介的"不纯正"数据犯罪，"纯正的"数据犯罪与"不纯正"的数据犯罪合在一起为广义的数据犯罪。②

对于此种分歧，刘宪权教授认为狭义的数据犯罪概念在内容限定上更具有准确性和合理性。首先，从历史背景看，数据犯罪概念是在大数据时代由于对数据的侵害行为层出不穷且愈演愈烈而引发关注与研究的。而以数据作为犯罪工具的犯罪在传统犯罪中并不鲜见，当数据仅作为实施犯罪的某种工具时，数据本身没有特殊性。随着数字技术的不断升级与数据价值的不断挖掘、释放与被认知，不法分子"闻讯而来"，从将数据视为工具逐渐升级为侵犯数据本身而获利，数据从犯罪工具演变成犯罪侵害的对象。其次，从问题导向看，研究数据犯罪的目的是解决大数据时代愈演愈烈的数据犯罪对刑法体系的挑战。以网络数据作为犯罪工具或媒介的犯罪，意在通过网络数据这一载体实现犯罪目的，其实质上是传统犯罪类型在网络空间内的异化，侵害的法益也同这一犯罪的传统行为类型无异，这类犯罪是"不纯正的"网络数据犯罪。③ 将数据犯罪定义为以数据为犯罪对象的犯罪更便于将其与其他传统犯罪进行区分，从而明确数据犯罪的范围，聚焦数据本身的刑法保护价值，专注数据自身的法益保护，更高效地检视现行刑法是否已经形成了完备的数据权保护体系。例如，采用广义的数据犯罪概念，势必还要讨论其他数据仅作为犯罪工具的案件的传统法益刑法保护问题，在数据犯罪刑法治理研究上难免过于宽泛与失焦。④

也有学者认为将数据犯罪内涵限定于"纯正的"以数据为犯罪对象的犯

---

① 马微．理念转向与规范调整：网络有组织犯罪之数据犯罪的刑法规制路径［J］．学术探索，2016（11）：84.
② 王倩云．人工智能背景下数据安全犯罪的刑法规制思路［J］．法学论坛，2019（2）：27.
③ 刘宪权，石雄．网络数据犯罪刑法规制体系的构建［J］．法治研究，2021（6）：45，53.
④ 刘宪权．数据犯罪刑法规制完善研究［J］．中国刑事法杂志，2022，209（5）：20-35.

罪并不妥当，对于数据犯罪内涵的认识应有一定程度的前瞻性。随着大数据概念在人们日常生活中的全面普及，网络数据犯罪的刑法属性也在发生变化，并逐渐呈现出网络数据由犯罪对象、犯罪工具到犯罪空间和犯罪本质过渡的趋势。[①] 随着互联网3.0时代的到来，可预见的是网络空间与现实社会的进一步深度融合，网络空间不仅作为现实社会的附属品，而且将成为现实世界的线上映射，那些在现实空间里对社会造成危害的犯罪行为完全有可能在网络空间内产生相同的效果，甚至影响更大。而随着人工智能技术的不断进步，数据犯罪更加复杂，从人延伸到人工智能，这些现象的出现以及对未来的展望，诱发我们更深层次的考虑。数据犯罪的内涵不应仅限于以网络数据作为犯罪对象的犯罪，而应扩展至数据产生、使用到销毁的全生命周期，其内涵应当表述为基于数据生成、存储、处理、传输、删除、修改、销毁等一系列行为方式，以现有立法规定的网络数据为犯罪对象、犯罪载体或者犯罪工具，侵害个人、集体、公共以及国家数据安全的犯罪。[②]

对于上述两种不同观点，本书认为均有其合理性。狭义的数据犯罪概念似乎在现阶段更便于聚焦数据法益的厘清、数据犯罪治理体系的审视与构建，广义的数据犯罪概念在此基础上兼具一定的前瞻性。基于此，本书在随后的讨论中，如无特别说明，均采用广义数据犯罪概念，即数据犯罪是指与数据相关的犯罪，包括以数据为犯罪工具、犯罪对象，侵害个人、集体、公共、国家数据安全及数据利益的犯罪。

2. 数据犯罪与相关犯罪的区别

随着数据犯罪术语的普遍使用，有必要将数据犯罪与已被纳入刑法体系的计算机犯罪、网络犯罪、侵犯商业秘密与国家秘密类犯罪等犯罪相区分，这对识清数据法益的内涵、明确数据犯罪在刑法体系中应处的位置，具有重要

---

① 庞云霞,张有林. 大数据时代网络犯罪的刑法应对——兼论人工智能犯罪的规制［J］. 重庆大学学报（社会科学版）,2022（4）:231.
② 徐宏,吴长春. 网络数据犯罪的刑法规制完善思路［J］. 北京警察学院学报，2023（5）: 13-19.

意义。

学术界多数观点认为，数据犯罪是不同于计算机犯罪的犯罪类型，应对两者加以区分。计算机犯罪是以计算机信息系统为犯罪对象的犯罪，侵害的法益是计算机信息系统安全。我国现行刑法中规定的典型的计算机犯罪有第二百八十五条的"非法侵入计算机系统罪""非法获取计算机信息系统数据罪""非法控制计算机信息系统罪""提供侵入、非法控制计算机系统程序、工具罪"，以及第二百八十六条的"破坏计算机信息系统罪"等。这其中有的罪名是与数据犯罪存在一定交集的，如"非法获取计算机信息系统数据罪"。但是，两者的犯罪对象不同，数据犯罪的犯罪对象是数据，计算机犯罪的犯罪对象则是计算机信息系统。数据不同于计算机信息系统，两者之间是内容和载体的关系，数据具有其独立的价值属性。① 此外，两者侵犯的法益不同，数据犯罪侵犯的是数据法益，计算机犯罪侵犯的是计算机系统安全法益。在互联网初期，涉数据的犯罪多是以计算机信息系统或计算机信息系统所存储的数据和应用程序为侵害对象，"随着大数据时代生产生活事实的数字化和数据化加速发展，纯粹以计算机信息系统中的内存数据或应用程序为攻击对象的数据犯罪骤降，随之大量出现的是以数字化形式收集、处理和使用数据的犯罪"。② 虽然我国以通过司法解释和司法实务对计算机信息系统范围进行扩张解释的方式对新型数据犯罪予以保护，但这种方式已被普遍认为不足以应对大数据时代对数据犯罪的治理需求，且有形成口袋罪之嫌。

数据犯罪也不同于网络犯罪。张明楷教授认为，网络犯罪只能作为犯罪学上的一类犯罪，而难以成为刑法学上的一类犯罪。③ 网络犯罪所覆盖的范围极为广泛，既包括将计算机信息系统作为犯罪对象的犯罪，也包括以计算机信息

---

① 刘宪权,石雄. 网络数据犯罪刑法规制体系的构建［J］. 法治研究,2021,138(6):44-55.
② 赵春玉. 大数据时代数据犯罪的法益保护:技术悖论、功能回归与体系建构［J］. 法律科学(西北政法大学学报),2023,41(1):95-107.
③ 张明楷. 网络时代的刑事立法［J］. 法律科学(西北政法大学学报),2017,35(3):69-82.

系统作为犯罪工具的犯罪，甚至还包括以计算机网络为犯罪空间的新型网络犯罪。① 网络犯罪范围的广泛也意味着侵害法益的广泛，既包括对计算机系统安全法益的侵犯，也包括更多的对传统法益的侵犯。因此，学术界普遍认为网络犯罪是更为宏观且模糊的概念，而数据犯罪则更为微观与具体明确，两者不宜混同使用。②

数据犯罪概念与侵犯商业秘密、国家秘密类犯罪也不能等同。数据犯罪的犯罪对象是数据，这里的数据应包括各类数据；侵犯商业秘密、国家秘密类犯罪的犯罪对象是承载了商业、国家安全、秩序等价值的不为公众所知的秘密性信息数据，这类信息数据是数据犯罪对象的部分内容，但显然不是全部。从刑法体系来看，侵犯商业秘密罪规定在刑法分则的"破坏社会主义市场经济秩序罪"而非"侵犯财产罪"中，也决定了侵犯商业秘密罪所保护的法益重点是市场经济秩序。③ 侵犯国家秘密类犯罪的犯罪对象是国家秘密，而承载国家秘密的数据只是数据的一部分，其所侵犯的法益是社会管理秩序法益，我国刑法将非法窃取国家秘密罪置于妨害社会管理秩序罪中，可见其关注的并非数据法益本身。

数据犯罪既与上述犯罪类型存在千丝万缕的联系，又具有其独特性，不能被包含在上述犯罪类型之中。数据犯罪已经成为一种独立的犯罪类型，代表着具有独立价值的数据法益。在数字经济时代，刑法对数据权的保护应当具有更高的立意，既要有利于建立数字经济良好的生存及发展模式，又要对侵害数据的犯罪行为予以规制。2021 年《数据安全法》第三条规定，数据是指任何以电子或者其他方式对信息的记录，数据处理包括数据的收集、存储、使用、加工、传输、提供、公开等，数据安全是指通过采取必要措施，确保数据处于有效保护和合法利用的状态以及具备保障

---

① 皮勇. 论新型网络犯罪立法及其适用 [J]. 中国社会科学,2018(10):133.
② 刘宪权. 数据犯罪刑法规制完善研究 [J]. 中国刑事法杂志,2022,209(5):20-35.
③ 马大为. 完善商业秘密保护刑法制度安排 [N/OL]. 检察日报,2022-05-13 [2023-09-21]. https://www.spp.gov.cn/spp/llyj/202205/t20220513_556747.shtml.

持续安全状态的能力。上述条款指明了数据犯罪治理应当包括数据静态安全和数据合法利用两种形式，前述数据法益的性质集合了人身权利、财产权利、社会秩序与国家安全等多元法益内容与此是相吻合的。因此，本书主张，刑法层面应当将数据法益作为独立的法益予以保护。

二、数据权刑法保护现有规定

随着大数据技术的快速发展，越来越多的数据以数据集合的形式出现，如对某打车软件 App 数据进行分析，其服务器中的数据内容可能包含了计算机系统数据、个人信息、商业秘密、公众信息甚至国家秘密，其所代表的法益涵盖了计算机安全法益、数据安全法益，个人信息安全法益、国家信息安全利益等。正因为数据法益的复合型特点，基于现实需要，各国和各地区持续更新立法，如欧盟 2018 年《通用数据保护条例》、英国 2018 年《数据保护法案》、美国 2019 年《国家安全与个人数据保护法》等，我国也通过了《网络安全法》《数据安全法》《个人信息保护法》等专门保护数据权的法律。我国刑法虽并未形成保护数据权的专门立法，但是通过长达 26 年的刑法及刑法修正案、司法解释、指导性文件的不断完善，形成了法律、司法解释、司法指导性文件等多层次保护方式。

1. 法律层面

刑事立法方面，1997 年《中华人民共和国刑法》（以下简称 1997 年《刑法》）中规定了"侵犯著作权罪""销售侵权复制品罪""非法侵入计算机信息系统罪""破坏计算机信息系统罪"等罪名，将非法侵入型、破坏型计算机系统类犯罪纳入刑法规制范围之内，并对国家秘密、军事秘密及著作权等特定信息类型进行了专门条款保护。在那个时代背景下，数据尚未进入立法者的视线中，刑法所保护的法益仍呈现为以数据为载体的知识产权及计算机系统安全、国家信息安全等。2009 年 2 月 28 日发布实施的《中华人民共和国刑法修正案（七）》（以下简称 2009 年《刑法修正案（七）》），增设了"非法获取计算机信息系统数据、非法控制计算机信息系统罪""提供侵入、非法控制计算机信息系统程序、工具罪""非法获取公民个人信息罪",进一步扩大了侵犯计算机系统类犯罪的规制范围,明确将非法获取计算机信息系统数据的行为规定为犯罪,并第一次将非法获取公民个人信息的行为入罪。本次修正案在立法层面开始关注到数据的独立价值,将计算机系统数据及公民个人信息提升到刑法保护层面,一定程度上取得了巨大进步,但是,回望历史,彼时关注的法益仍停留在信息与数据安全、社会公共安全和秩序层面。2015 年 11 月 1 日实施的《中华人民共和国刑法修正案(九)》(以下简称 2015 年《刑法修正案(九)》)中增设了"侵犯公民个人信息罪",将非法获取公民个人信息罪扩展为侵犯公民个人信息罪,侵犯公民个人信息罪的行为方式不再局限于非法获取,并且增设了"非法利用信息网络罪""帮助信息网络犯罪活动罪""拒不履行信息网络安全管理义务罪"三种类型,将利用信息网络的预备行为实行化、帮助行为正犯化,进一步提升了数据保护的力度。2021 年 3 月 1 日实施的《中华人民共和国刑法修正案(十一)》(以下简称 2021 年《刑法修正案(十一)》)修订了关于著作权保护和商业秘密保护的条款,调整了入罪标准,提高了法定刑,加大了对著作权及商业秘密类数据的保护力度;同时,增设了危险作业罪和妨害药品管理罪,增加了除计算机信息系统数据外直接以数据作为犯罪对象的规定。

各国对类罪的划分及其在刑法分则中的排列顺序,在一定程度上体现了该国刑法的价值取向。[①] 我国刑法分则依照保护法益的重要性依次分为十章,在这十章内容之中,结合司法实践的相应判决来看,涉及数据权保护的罪名,主要如表 2-1 所示。

---

① 《刑法学》编写组. 刑法学:下册·各论 [M]. 北京:高等教育出版社,2019:3.

表2-1 我国刑法分则数据权保护罪名

序号	刑法分则章节	条款	罪名	数据内容	侵犯法益
1	第一章 危害国家安全罪	第一百一十一条	为境外窃取、刺探、收买、非法提供国家秘密、情报罪	国家秘密、情报	国家安全
2	第二章 危害公共安全罪	第一百三十四条之一	危险作业罪	直接关系生产安全的监控、报警、防护、救生设备、设施相关数据、信息	公共安全
3	第三章 破坏社会主义市场经济秩序罪 第一节 生产、销售伪劣商品罪	第一百四十二条之一	妨害药品管理罪	与药品申请注册相关数据	社会主义市场经济秩序
4	第三章 破坏社会主义市场经济秩序罪 第七节 侵犯知识产权罪	第二百一十七条	侵犯著作权罪	著作	社会主义市场经济秩序
5		第二百一十八条	销售侵权复制品罪	著作	社会主义市场经济秩序
6		第二百一十九条	侵犯商业秘密罪	商业秘密	社会主义市场经济秩序
7	第四章 侵犯公民人身权利、民主权利罪	第二百五十二条	侵犯通信自由罪	信件	公民人身权利
8		第二百五十三条之一	侵犯公民个人信息罪	公民个人信息	公民人身权利
9	第六章 妨害社会管理秩序罪 第一节 扰乱公共秩序罪	第二百八十二条第一款	非法获取国家秘密罪	国家秘密	国家安全、社会管理秩序
10		第二百八十五条第一款	非法侵入计算机系统罪	国家事务、国防建设、尖端科学技术领域数据	国家安全、计算机信息系统安全
11		第二百八十五条第二款	非法获取计算机信息系统数据、非法控制计算机信息系统罪	计算机信息系统中存储、处理或者传输的数据	计算机信息系统安全

序号	刑法分则章节	条款	罪名	数据内容	侵犯法益
12		第二百八十五条第三款	提供侵入、非法控制计算机信息系统程序、工具罪	计算机信息系统中存储、处理或者传输的数据	计算机信息系统安全
13	第六章 妨害社会管理秩序罪 第一节 扰乱公共秩序罪	第二百八十六条	破坏计算机系统罪	计算机信息系统中存储、处理或者传输的数据	计算机信息系统安全
14		第二百八十六条之一	拒不履行信息网络安全管理义务罪	违法信息、用户信息、刑事案件证据等	社会管理秩序
15		第二百八十七条之一	非法利用信息网络罪	违法犯罪信息	社会管理秩序
16		第二百八十七条之二	帮助信息网络犯罪活动罪	—	社会管理秩序
17		第四百三十一条第一款	非法获取军事秘密罪	军事秘密	国家军事利益
18	第十章 军人违反职责罪	第四百三十一条第二款	为境外窃取、刺探、收买、非法提供军事秘密罪	军事秘密	国家军事利益
19		第四百三十二条	故意泄露军事秘密罪、过失泄露军事秘密罪	军事秘密	国家军事利益

资料来源：根据现行刑法总结。

从表2-1罪名的分布可以看出，现行刑法对于数据权的保护主要分布在第一章、第二章、第三章、第四章、第六章、第十章6个章节之中，尚未形成专门的治理体系，且多是从以数据为载体的内容角度予以保护，如秘密类（国家秘密、军事秘密、商业秘密）、计算机信息系统类以及个人信息类等，未体现出数据的独立价值。

2. 司法解释层面

司法解释是中国特色社会主义司法制度的重要组成部分，制定司法解释是法律赋予中华人民共和国最高人民法院和最高人民检察院的重要职责。[①] 司法解释可以赋予抽象、概括性的法律更加具体的内容，以适应社会发展的新情况，指导司法实践，弥补立法的不足。

2011 年 9 月 1 日施行的《最高人民法院、最高人民检察院关于办理危害计算机信息系统安全刑事案件应用法律若干问题的解释》对危害计算机系统安全的行为作出了比较全面的规定，对计算机系统、计算机系统数据等基本概念也作出了明确的界定；2017 年 6 月 1 日施行的《最高人民法院、最高人民检察院关于办理侵犯公民个人信息刑事案件适用法律若干问题的解释》就办理此类刑事案件适用的法律制定了具体的标准，为公民个人信息安全和合法权益的保护提供了有效支撑；2019 年 11 月 1 日施行的《最高人民法院、最高人民检察院关于办理非法利用信息网络、帮助信息网络犯罪活动等刑事案件适用法律若干问题的解释》明确了网络服务提供者的范围，加大了网络服务提供者对数据的保护责任；2021 年 6 月 17 日实施的《最高人民法院、最高人民检察院、公安部关于办理电信网络诈骗等刑事案件适用法律若干问题的意见（二）》，为依法严厉惩治、有效打击电信网络诈骗及其关联犯罪提供了有效支撑。司法解释对于构建刑法对数据权的保护体系具有重大的指导意义，在未将数据法益作为独立法益进行规制的情况下，司法解释能够将更多的侵犯数据权的行为纳入刑法规制的空间。

3. 司法指导文件

除前述法律、司法解释外，在具体案件审理过程中，最高人民法院、最高人民检察院以及公安部等部门还出台了一系列司法指导性文件，如 1998 年 11 月 25 日发布实施的《公安部关于对破坏未联网的微型计算机信息系统是否适用〈刑法〉第二百八十六条的请示的批复》、2009 年 8 月 27 日修订实施的

---

① 喻海松. 实务刑法评注 [M]. 北京:北京大学出版社,2022:9.

《全国人民代表大会常务委员会关于维护互联网安全的决定》、2013 年 4 月 23 日实施的《最高人民法院、最高人民检察院、公安部关于依法惩处侵害公民个人信息犯罪活动的通知》、2018 年 11 月 9 日实施的《检察机关办理侵犯公民个人信息案件指引》《最高人民法院研究室关于侵犯公民个人信息罪有关法律适用问题征求意见的复函》（法研〔2018〕11 号）。司法指导性文件对于正确适用法律、统一裁判标准、实现裁判法律效果和社会效果统一具有指导和调节作用。

　　以上的刑法、司法解释及司法指导性文件确立了我国刑法保护数据权的方式，使得部分侵犯数据权的行为可以依据现有法律得以及时解决，但囿于时代的不断发展及法律自身的滞后性，还未形成对数据权的专门化保护之势，且保护重点仍在数据的安全层面，对数据利用保护仍有不足。

三、数据权刑法保护模式的形成与扩展

　　有学者认为我国刑法早期对数据的保护，实际上是通过对数据所记录特定信息的保护来实现的[1]；有学者认为从罪名体系来看，刑法分则对数据主要采取直接和间接两种保护方式：直接保护是直接将数据作为犯罪对象加以保护，间接保护是将表征数据内容的各种具体信息、秘密、证明或者证件等作为犯罪对象[2]；有学者认为我国现有数据安全刑法保护体系是以制裁"计算机数据犯罪""个人数据犯罪"为核心的双轨并行式思路。[3] 以上观点均是对我国数据犯罪刑法治理模式的总结，无论通过何种表述方式都可以看出，我国刑法对数据权的保护尚未形成公认的、统一的模式。

　　数据伴随着人类文明的产生而出现，但大数据时代到来之前，受限于技术水平，数据尚未脱离信息、计算机信息系统、秘密范畴，更不具有人身权利、财

---

① 　田刚. 数据安全刑法保护扩张的合理边界 [J]. 法学论坛,2021(2):66.
② 　于改之. 从控制到利用：刑法数据治理的模式转换 [J]. 中国社会科学,2022(7):56.
③ 　张婷. 数字经济时代数据犯罪的风险挑战与理念更新——以数据威胁型网络黑灰产为观察对象 [J]. 法学论坛,2022(5):121.

产权利、社会秩序与国家安全等多元法益内容属性，因此，针对数据权的保护并未进入到立法者的视野之中。以1997年《刑法》生效时点为例，彼时虽然互联网兴起，网络技术快速发展，网络化浪潮席卷而来，但距离我国全功能接入国际互联网才3年光景①，数据犯罪尚未进入到立法者的视野，仅在第二百八十六条"破坏计算机信息系统罪"中将对计算机信息系统中存储、处理或者传输的数据和应用程序进行删除、修改、增加的操作行为作为犯罪行为予以规制。

自1997年《刑法》生效至2009年《刑法修正案（七）》发布生效的十余年间，未来构成中国互联网商业格局重要组成的大公司基本成立，如网易、腾讯、阿里巴巴、百度等。随着大量门户网站的建立与普及，越来越多的普通人可以接触并使用网络，随着这个过程，无论是政府数据、商业数据还是个人数据的量级均以几何式增长，数据内容越来越丰富，数据重要性和价值性越来越高，同时非法侵入获取数据、数据泄露、数据破坏等数据犯罪开始显现，具有较大的社会危害性。

然而在这一时期，刑法对数据权的保护主要通过间接保护方式实现。间接保护是将表征数据内容的各种具体信息、秘密、证明或者证件等作为犯罪对象，以此间接规制数据侵害行为。② 这一时期，直接保护则体现于"破坏计算机信息系统罪"中，且仅限于对计算机信息系统中存储、处理或传输的数据进行删除、修改或增加的行为。在间接保护的模式下保护法益更多为安全与秩序，比如国家安全、军事安全、社会秩序等，数据权或数据法益的概念尚未进入立法者的视野之中，因而当侵害数据权益的社会现象需要刑法对此作出回应时，刑法只能在其现有刑法规定的范围内进行微调加以适配。

随着数据犯罪现象的日渐多发，以间接保护为主的刑法治理方式已经明显不能适应社会发展的需要。立法层面开始通过增加计算机犯罪类型来完善对数据犯罪的规制，并先于民法、行政法将侵害公民个人信息行为纳入犯罪治理范

---

① 1994年4月20日，NCFC（中国国家计算机与网络设施）工程通过美国Sprint公司接入Internet的64K国际专线开通，中国实现了与国际互联网的全功能连接。
② 于改之. 从控制到利用：刑法数据治理的模式转换［J］. 中国社会科学,2022(7):56.

畴，通过刑法修正案及司法解释完善的方式逐步形成了以保护计算机信息系统安全及个人信息安全为主的静态安全保护模式。随着数字经济时代的到来，数据共享与利用的平衡对刑法保护提出了更高层次的需求，如何实现数据的有效利用，防止在数据利用过程中产生新的数据犯罪类型，是仅通过静态安全保护模式无法实现的，因此引入动态利用保护模式迫在眉睫，建立和完善静态安全保护模式与动态利用模式相结合的双向保护模式才能实现刑法对数据权的全面保护。

1. 静态安全保护模式的确立

刑法法益是历史性范畴，"随着社会的发展变化，原本不被认为是利益或者原本不会被侵害的利益，现在却是重要利益并且受到了严重侵害……越是受到普遍侵害的利益，当然越需要刑法保护"。[①] 随着科学技术的进步，侵犯数据权的犯罪越来越多，突出表现为对个人数据的侵犯，刑法根据时代发展的需要确立对数据权的保护模式。

2009 年《刑法修正案（七）》作出了两方面的重要修改，一是增设了"非法获取计算机信息系统数据、非法控制计算机信息系统罪""提供侵入、非法控制计算机信息系统程序、工具罪"等与保护计算机信息系统数据相关的新罪名，与"非法侵入计算机信息系统罪""破坏计算机信息系统罪"两项罪名共同构成了刑法对计算机系统安全的保护方式。因数据多通过计算机产生、存储与处理，因此通过对计算机信息系统及计算机信息系统数据的保护，间接地也建立了刑法对数据权的静态安全保护模式。

二是增设了"非法获取公民个人信息罪"，第一次将非法获取公民个人信息的行为入罪。该罪规制国家机关或者金融、电信、交通、教育、医疗等单位的工作人员出售或非法提供履职或提供服务过程中获得的公民个人信息，以及通过窃取或者其他方法获得公民个人信息的行为。该罪名设置在刑法分则第四章侵犯公民人身权利、民主权利罪之中，保护的法益是公民信息安全。公民个

---

① 张明楷. 增设新罪的观念——对积极刑法观的支持［J］. 现代法学,2020(5):155.

人信息不同于个人数据，正如在前文中所论述的一样，信息是数据的内容，数据是信息的载体，因此该罪名的设立实际上也起到了通过直接保护公民信息安全来实现对个人数据间接保护的作用。

2. 静态安全保护模式的扩大化适用

2010 年以后，随着物联网、人工智能、云计算、大数据等技术的发展，信息的量级呈几何级增长，人们逐渐拥有了对海量数据的处理能力，迈入了大数据时代。2015 年《刑法修正案（九）》发布实施，大幅度修改了网络犯罪及关联犯罪、侵犯公民个人信息犯罪，强化对网络信息的保护，进一步提升了数据保护的力度。一是将"非法获取公民个人信息罪"扩展为"侵犯公民个人信息罪"，违反国家规定向他人出售或提供公民信息，窃取或以其他方式非法获取公民个人信息的行为均被认定是犯罪行为，提升了侵犯公民个人信息处罚力度；二是增设了"非法利用信息网络罪""帮助信息网络犯罪活动罪""拒不履行信息网络安全管理义务罪"，将利用信息网络的预备行为实行化、帮助行为正犯化，进一步强化了网络信息的保护。

除了 2015 年《刑法修正案（九）》，还有两部重量级的司法解释也在此期间出台，分别为 2011 年 9 月 1 日施行的《最高人民法院、最高人民检察院关于办理危害计算机信息系统安全刑事案件应用法律若干问题的解释》和 2017 年 6 月 1 日施行的《最高人民法院、最高人民检察院关于办理侵犯公民个人信息刑事案件适用法律若干问题的解释》。司法解释的出台为适用罪名厘清了边界，如《最高人民法院、最高人民检察院关于办理危害计算机信息系统安全刑事案件应用法律若干问题的解释》对具体定罪量刑、刑事责任作出了解释，尤其是对"计算机信息系统数据"作出了认定，此解释解决了一些长期困扰司法机关的难题，也起到了促进数据权刑法保护的作用。《最高人民法院、最高人民检察院关于办理侵犯公民个人信息刑事案件适用法律若干问题的解释》也对定罪量刑制定了具体的标准，并破解了公民个人信息数量"计算难"的问题。

3. 静态安全保护模式下的司法实践

除了在立法及司法解释层面不断扩大静态安全保护的适用范围，随着数据犯罪手段、犯罪工具的不断更新，司法实务中也在不断发布指导性案例、典型案例。指导性案例或典型案例具有社会关注度高、适用法律较为原则、疑难性强、案件类型广泛等特点，并且发布时间灵活，裁判结果追求公平正义，可以随着时间及社会发展进行更新，司法机关通过发布指导性案例或典型案例，将新型的数据犯罪予以刑罚处罚，实现了数据权刑法保护在司法实践层面的不断扩张。

（1）计算机的种类及类型不断丰富化。

随着智能手机、智能穿戴产品等智能设备的兴起，数据处理的场景变得更加丰富。智能设备已经成为日常生活中不可或缺的一部分，通过智能设备的使用，可以将个人的衣食住行等基本生活全部记载在内，其中不仅包括个人身份信息，还包括交易信息、出行信息、就医信息、社交信息……甚至可以说一部智能设备便等同于一个数字人，一个一个的数字人组成了和现实社会相对应的虚拟社会。从技术层面而言，智能手机或智能穿戴设备终端具备计算能力、存储能力，包含操作系统和应用程序，具有网络链接的功能，虽然其在物理形态上不同于传统计算机，但核心功能及组成要素与计算机系统具有相似性，将其认定为计算机系统并未突破罪刑法定的基本原则，亦未超出普通人对刑法的期待。司法实践通过判例的形式，将智能手机终端视为计算机系统加以对待，对于侵入、破坏或控制智能手机系统的行为依法进行惩处，如曾兴亮、王玉生破坏计算机信息系统案[1]、肖某非法获取计算机信息系统数据案[2]、吴某等19人非法控制计算机信息系统、侵犯公民个人信息案[3]等。

（2）数据相关概念不断进行扩大适用。

2011年出台的《最高人民法院、最高人民检察院关于办理危害计算机信

---

[1] 最高人民检察院指导案例第35号。

[2] 广东省中山市中级人民法院［2017］粤20刑终258号刑事裁定书。

[3] 浙江省新昌县人民法院［2020］浙0624刑初235号。

息系统安全刑事案件应用法律若干问题的解释》明确了该罪名所保护的数据为"计算机信息系统数据"，具体而言，指支付结算、证券交易、期货交易等网络金融服务的身份认证信息，计算机信息系统数据的概念随之扩大。根据"非法获取计算机信息系统数据罪"的相关规定及司法解释，该罪名中的数据特指"支付结算、证券交易、期货交易等网络金融服务的身份认证信息及其他身份认证信息"，但司法实践中，数据的类型已经不局限于身份认证信息，如外卖平台店铺数据、订单数据[①]、Wi-Fi 密码数据[②]、视频数据[③]、精确定位差分系统的数据[④]、医院用药的品种、数量等信息系统数据[⑤]、电商平台的交易订单数据[⑥]等均作为计算机信息系统数据予以认定的情形，司法实践已经突破了刑法及相关司法解释所限定的计算机信息系统数据。

（3）公民个人信息的范围不断扩张。

根据《最高人民法院、最高人民检察院关于办理侵犯公民个人信息刑事案件适用法律若干问题的解释》第一条，公民个人信息是指以电子或者其他方式记录的能够单独或者与其他信息结合识别特定自然人身份或者反映特定自然人活动情况的各种信息，包括姓名、身份证件号码、通信通讯联系方式、住址、账号密码、财产状况、行踪轨迹等。随着技术的发展，实践中可采集的个人信息越来越多，司法实践中如房源信息[⑦]、客户订单信息[⑧]、人脸信息[⑨]等也均通过判决归入公民个人信息范畴。

---

① 最高人民检察院发布涉案企业合规典型案例（第三批）之一：上海 Z 公司、陈某某等人非法获取计算机信息系统数据案。

② 上海市长宁区人民法院［2016］沪 0105 刑初 1027 号刑事判决书。

③ 2019 年度人民法院十大刑事案件之十：上海某网络科技有限公司非法获取计算机信息系统数据案——全国首例"爬虫"技术侵入计算机系统犯罪案。

④ 浙江省湖州市中级人民法院［2021］浙 05 刑终 87 号民事裁定书。

⑤ 广东省中山市第一人民法院［2023］粤 2071 刑初 233 号刑事判决书。

⑥ 杭州市余杭区人民法院［2014］杭余刑初字 1231 号刑事判决书。

⑦ 上海市金山区人民法院［2018］沪 0116 刑初 839 号刑事判决书。

⑧ 最高人民检察院发布 8 件个人信息保护检察公益诉讼典型案例之六：上海市浦东新区人民检察院诉张某某侵犯公民个人信息刑事附带民事公益诉讼案。

⑨ 上海市奉贤区人民法院［2021］沪 0120 刑初 828 号刑事判决书。

（4）侵犯数据权的犯罪手段不断更新变化。

侵犯数据权的犯罪行为随着计算机技术的发展也变得更加多样化、隐蔽化，变得难以被发现。它们侵害了正常的商业竞争秩序，侵犯了公民个人隐私和人身、财产权利，造成不良社会影响，引发巨大的社会危害。司法实践逐渐将该类新型犯罪行为纳入刑法规制范围之中，包括越权使用账户密码①、植入木马病毒等破坏型程序②、流量劫持③、撞库打码④、进行 DDoS（分布式拒绝服务）等行为。

（5）侵犯数据权的帮助、预备行为独立入罪。

自《刑法修正案（九）》增设"拒不履行信息网络安全管理义务罪""非法利用信息网络罪""帮助信息网络犯罪活动罪"，司法实践中也相应地通过该类罪名提升了对数据权的保护水平，如谭张羽、张源等非法利用信息网络案⑤、朱某某非法利用信息网络案⑥等。根据《涉信息网络犯罪特点和趋势（2017.1—2021.12）司法大数据专题报告》⑦，在 2017—2021 年全国涉信息网络犯罪案件中，"帮助信息网络犯罪活动罪"案件量仅次于诈骗罪，占比为23.76%，"帮助信息网络犯罪活动罪"2020 年同比激增 34 倍，2021 年同比再增超 17 倍。虽然"帮助信息网络犯罪活动罪"呈快速增长态势，但从其分布手段来看，支付结算环节提供帮助占比最大，为53.45%；其次为提供通信传输支持，占比 18.25%。提供广告推广支持占比 4.95%，涉及服务器托管占比为 3.32%，网络存储占比为 1.35%，其他占比为 18.33%。

通过以上案例可以看出，虽然刑法对于数据权尚未进行专门化保护，但通

---

① 北京市海淀区人民法院［2017］京 0108 刑初 392 号刑事判决书；北京市第一中级人民法院（2020）京 01 刑终 490 号刑事裁定书。
② 江苏省南京市中级人民法院［2019］苏 01 刑终 768 号刑事裁定书。
③ 北京市海淀区人民法院［2018］京 0108 刑初 714 号刑事判决书。
④ 浙江省杭州市余杭区人民法院［2017］浙 0110 刑初 664 号刑事判决书。
⑤ 江苏省宿迁市中级人民法院［2018］苏 13 刑终 203 号刑事判决书。
⑥ 北京市海淀区人民法院［2020］京 0108 刑初 655 号刑事判决书。
⑦ 中国司法大数据研究院. 涉信息网络犯罪特点和趋势（2017.1—2021.12）司法大数据专题报告［EB/OL］.（2022－08－01）［2023－09－21］. https://file. chinacourt. org/f. php？id=c9b92b185f359c81&class=enclosure.

过对计算机系统数据类及各种信息类犯罪的惩治给予了间接保护。虽然我国并非判例法国家，但通过司法指导案例、经典案例等，实际上影响着司法裁判机构对类案进行同判化处理，其积极意义在于弥补刑法规定的不完善，实现了及时打击犯罪的现实功能，其消极表现则是易造成罪刑不一致，同案不同判的结果，有损司法权威。

4. 开启动态利用保护模式之必要

随着大数据时代的到来，数据已经成为一种独立的复合法益，除具有数据安全法益、数据秩序法益的内涵外，还具有数据财产法益的属性。静态安全保护模式无法全面实现数据全生命周期的保护，也无法对利用价值起到促进作用，更无法响应数字经济时代的最新需求，因此，数据动态利用保护模式的开启具有积极的现实意义。

在数字经济的时代背景下，小到个人衣食住行，中到工农商经济发展，大到国家治理与国际外交，均与网络密不可分。在此过程中，数据犯罪也发生了变化，犯罪行为由侵害计算机信息系统安全性转向侵害个人数据、商业数据及政府数据，并且伴随数字货币、虚拟货币、区块链、数字藏品等新型数字产品的出现，数据犯罪变得更加复杂，呈现出智能化、隐蔽化的特点。围绕数据的全生命周期，数据滥用等行为开始出现并显现其社会危害性，仅通过保护计算机系统安全或信息安全的静态安全保护模式已经无法全面规制数字经济时代背景下的数据犯罪。

传统"数据安全"法益（保密性、完整性、可用性）是一种典型的消极防御的法益理念，精准描述了早期计算机犯罪中系统漏洞导致的数据泄露、篡改、灭失等静态数据安全风险，并确立以安全边界防护为核心的理论体系。但数字经济时代，数据动态利用逐渐走向常态化和多元化，这导致仅保护静态数据安全的传统法益理念难以适用。[①] 而动态利用保护模式更加侧

---

① 杨志琼. 数字经济时代我国数据犯罪刑法规制的挑战与应对 [J]. 中国法学,2023(1)：131.

重数据本身的价值，与传统静态保护模式相比，其体现了积极利用的法益理念。在数据已经成为一种资产类型的情况下①，充分挖掘数据的价值，实现数据的充分利用是必然趋势，伴随着数据资产化过程中犯罪风险的新增，单一的静态保护模式已经无法对此作出全面的评价，必须通过动态利用保护模式予以补强。

第二节 数据权刑法保护司法困境及挑战

数据动态利用已经具备了技术基础及政策基础，但是刑法动态利用保护模式的建立不能一蹴而就，需要结合现有的罪名体系及刑罚体系。静态安全保护模式下刑罚保护的法益为计算机信息系统安全及信息安全，有着较为严格的保护对象及入罪门槛。在动态利用保护模式下，数据突破了静态安全保护模式下的计算机信息系统数据、个人信息、知识产权、商业秘密及国家秘密等限制，而以数据本身为对象予以保护，不再将以数据作为载体的内容作为划分标准，但这并不意味着所有的数据享有刑法同等的保护，在罪刑法定基本原则的指导下，只有上升到刑法法益层面的数据权才值得刑法保护，个人数据、商业数据、政府数据等因具有人格权属性、财产权属性或公权属性而具有保护的必要，在网络世界中产生的大量无价值、虚假、过时效的数据则不能成为刑法所保护的对象。而在刑罚设置上，我国刑罚以羁押刑为主，在数据经济时代背景下，以羁押刑为主对数据犯罪这一法定犯罪进行处罚能否达到刑罚惩治和预防犯罪的目的也值得深思。

一、罪名体系困境及挑战

在刑法现有罪名体系中，主要通过计算机信息系统犯罪及特定数据内容犯

---

① 财政部《企业数据资源相关会计处理暂行规定》（财会〔2023〕11号）明确，数据资源的入表应当按照企业会计准则执行，企业根据其持有目的、业务模式、经济利益实现方式等对符合条件的数据资源分别按照无形资产准则、存货准则确认和计量。

罪来间接规制数据犯罪，因而在实践中存在大量的不属于计算机信息系统数据、个人信息、知识产权、商业秘密、军事秘密或国家秘密的数据，不能通过现有的罪名体系予以保护，但在数字经济时代，该类数据具有的经济价值又不可否认，刑法罪名体系的困境由此可见。

1. 侵犯数据权行为的罪与非罪

在静态安全保护模式下，司法解释与司法实践实际上已经将部分数据犯罪纳入刑法规制范围之内，但随着数据内涵与外延的扩展，以及数据犯罪新形态的出现，实现数据犯罪的全面治理是立法应当考虑的内容。同时，为促进数据的共享利用，刑法在罪与非罪的选择上应当慎之又慎。

计算机信息系统数据、个人信息、商业秘密、国家秘密等数据，因其具有特殊的法益属性，并且已经在刑法层面明确得到保护，被称为特殊数据。刘宪权教授将这些尚未受到刑法保护的其他数据统称为一般数据，并认为并非所有的一般数据均需刑法予以保护，例如无法与特殊数据相关联的一般数据、虚假数据、超过时效的一般数据以及规模较小的数据无须刑法保护。[1] 该观点具有合理性，并不是所有的数据均应纳入刑法治理范畴。

（1）不同数据类型差异化保护不明晰困境。

如将数据按照特殊数据和一般数据进行分类，不同的数据类型因所承载的具体法益不同，刑法应当进行差异化保护。对于特殊数据，刑法应当对其实行全流程的保护。而对于一般数据来讲，并非所有侵害一般数据的行为都构成犯罪，也并非所有侵害一般数据的行为都应受到刑罚处罚。按照数据划分的类型，在一般数据之内仍存在个人数据、商业数据及政府数据的划分，不同的数据类型所具有的意义不同，侵犯不同类型的数据所产生的社会危害性也不尽相同。

对一般个人数据而言，其所具有的人身、财产属性较低。对于一般数据中的个人信息而言，因该数据不直接跟公民隐私、安全、财产利益挂钩，给予市

---

[1] 刘宪权．数据犯罪刑法规制完善研究 [J]．中国刑事法杂志,2022(5):30.

场主体对其充分利用的空间有助于促进数字经济的发展，因此，对于一般个人数据的采集、存储及使用在符合行政法规的基础上，刑法不宜作过多干涉，不应将其作为犯罪行为予以处罚。

对于一般商业数据而言，因其不具有独创性、秘密性而无法通过知识产权或商业秘密等途径予以保护，但是其自身又具备了财产属性，可以为持有者创造一定的经济价值，因而既要鼓励其进行数据共享，又要注重保护其财产价值。本书将在第三章内容重点对商业数据进行讨论，在此不再赘述。

对于一般政府数据而言，因"政府数据"为"政府部门及法律、法规授权的具有公共管理或服务职能的事业单位和社会组织在履行公共职能时收集、生成和管理的数据"，所以其主要属性为数据安全秩序法益，因此对该类数据的处理更应当在保障数据安全的基础上，实现全面的公开、共享。

静态安全保护与动态利用分置于天平的两端，如果过于强调数据安全，则有可能阻碍数据的充分共享与利用；如果一味强调实现数据的共享与利用，则有可能导致侵犯他人合法数据权的行为变多，造成数字经济社会不能良性发展的乱象。在动态利用保护模式下，不同数据类型具有不同的保护重点倾向，但目前刑法尚未对数据进行分类，也没有明确的差异化保护规定，如何实现对不同数据全面而又周延的保护，在保护的同时促进数据流通是动态利用保护模式下刑法面临的困境及挑战。

（2）滥用数据行为缺乏有效治理。

我国刑法已经对非法获取、破坏等行为方式进行了规制，但是目前尚未对网络数据滥用作出规定。数据滥用是指未经当事人允许或以当事人所不乐见的方式使用数据[1]，可以分为滥用数据权益、滥用算法权利和滥用市场地位等。随着数字经济的发展，数据的量级呈现井喷式爆发，大数据平台通过正常的商业经营或政务活动，经过用户授权获得了大量的数据，运用大数据算法等对这

---

[1] 蔡士林.我国数据安全法益保护：域外经验与立法路径［J］.深圳大学学报（人文社会科学版），2022（6）：97.

些数据进行处理，可以获取更多的商业价值或商业机会。在此过程中，数据滥用的行为也变得更加常见，如滥用算法进行大数据杀熟、个性化推荐等。滥用数据权益及市场地位形成垄断或不正当竞争，不仅对个人生活造成很大困扰，更是限制了良性的市场竞争，对整个社会的长远发展是较为不利的，甚至比侵入型、获取型数据犯罪具有更大的社会危害性，但目前尚缺乏对此类行为有效的规制手段，因此有必要纳入刑法的规制范围之内。

（3）数量化标准困境。

《数据安全法》确立了数据分级保护制度，《个人信息保护法》将个人信息进行了分级保护，分为一般个人信息和敏感个人信息，针对不同类型的个人信息采取不同标准的保护方式。在刑法之中，危害社会的行为必须达到一定的社会危险性才能构成犯罪，把情节是否严重、是否恶劣作为划分罪与非罪的界限是我国刑法分则的传统做法，数据犯罪也不例外。

表2-2是非法获取计算机信息系统数据罪及侵犯公民个人信息罪的情节对比。

表2-2　非法获取计算机信息系统数据罪及侵犯公民个人信息罪情节对比			
罪名	刑法规定	情节严重（部分）	情节特别严重（部分）
非法获取计算机信息系统数据罪	违反国家规定，侵入前款规定以外的计算机信息系统或者采用其他技术手段，获取该计算机信息系统中存储、处理或者传输的数据，或者对该计算机信息系统实施非法控制，情节严重的，处三年以下有期徒刑或者拘役，并处或者单处罚金；情节特别严重的，处三年以上七年以下有期徒刑，并处罚金	（一）获取支付结算、证券交易、期货交易等网络金融服务的身份认证信息十组以上的；（二）获取第（一）项以外的身份认证信息五百组以上的	数量或者数额达到情节严重情形第（一）项规定标准五倍以上的

罪名	刑法规定	情节严重（部分）	情节特别严重（部分）
侵犯公民个人信息罪	违反国家有关规定，向他人出售或者提供公民个人信息，情节严重的，处三年以下有期徒刑或者拘役，并处或者单处罚金；情节特别严重的，处三年以上七年以下有期徒刑，并处罚金。 违反国家有关规定，将在履行职责或者提供服务过程中获得的公民个人信息，出售或者提供给他人的，依照前款的规定从重处罚。 窃取或者以其他方法非法获取公民个人信息的，依照第一款的规定处罚。 单位犯前三款罪的，对单位判处罚金，并对其直接负责的主管人员和其他直接责任人员，依照各该款的规定处罚	（一）非法获取、出售或者提供行踪轨迹信息、通信内容、征信信息、财产信息五十条以上的； （二）非法获取、出售或者提供住宿信息、通信记录、健康生理信息、交易信息等其他可能影响人身、财产安全的公民个人信息五百条以上的； （三）非法获取、出售或者提供第三项、第四项规定以外的公民个人信息五千条以上的； （四）数量未达到第三项至第五项规定标准，但是按相应比例合计达到有关数量标准的； （五）将在履行职责或者提供服务过程中获得的公民个人信息出售或者提供给他人，数量或者数额达到第三项至第七项规定标准一半以上的	数量或者数额达到情节严重情形第（一）项至第（五）项规定标准十倍以上的

从表 2-2 可以看出，数据犯罪采取了以数据数量作为判断情节是否严重或情节是否特别严重的标准之一，且最低 10 组数据即可入罪。随着大数据的发展，借助爬虫等技术，可以轻易获得数百万级、数亿级的数据量，因而当下将数量作为情节严重与否的判断标准是否合理值得深思，将数量标准规定为如此之低的合理性更值得深思。刑法作为保护数据权的最后一道防线，应当防止犯罪圈的无限扩大，以免损害刑法的权威，因而如何实现在大数据时代的数据犯罪刑法治理也值得深思。

2. 侵犯数据权行为的此罪与彼罪

数据、数据权、数据法益等在学术界、法规规范文件及司法实践当中尚未形成统一的概念。因无法形成统一的定论，所以在刑法制定及应用的过程中存在很多问题。数据犯罪与计算机犯罪、信息犯罪、知识产权犯罪等存在天然不可分割的关联，使得罪名的适用变得更加复杂，如何区分侵犯数据权行为的此罪与彼罪是刑法数据权保护面临的重大挑战，本书认为可以从以下角度进行思考。

首先，数据法益保护的对象具有杂糅性，概念不清，需要尽早明晰数据的概念。随着大数据技术的迅猛发展，数据的类型越来越多样化，既包括陈旧的计算机信息系统的"数据"，也包括信息网络中海量的信息，还包括个人信息、无线电信息等其他关联信息或特定信息，保护理念的模糊与立法技术的交错带来的问题逐渐凸显。① 在现有罪名体系中，已经存在对计算机信息系统数据、个人信息等数据进行规定的条款，数据之间存在交叉与竞合，在此种情况下，应当精细化数据的概念，明确数据权的内涵，并探讨数据法益的属性及内容，以避免因杂糅而导致的不清晰。

其次，数据法益的独立地位不明确以及保护意识淡薄使得无法客观评价危害行为。尽管信息网络安全仍占据网络安全的半壁江山，但大数据时代已全面嵌入和渗透到社会生产生活各个领域，网络大数据逐渐成为社会生产生活的基本素材和核心动力。② 数据的独立价值已得以体现，目前刑法规范借助计算机信息系统或信息保护路径的方式也存在不妥之处，不能客观评价数据犯罪与其他犯罪类型的区别，需要尽快建立以数据法益为核心的罪名体系。

最后，数据法益是复合法益，尤其是数据法益财产价值是单独的价值，如何区分数据犯罪与其他相关犯罪至关重要，如何在此罪与彼罪中实现数据犯罪治理的目标也是值得考虑的问题。而且伴随着数据资产化的进程，数据犯罪变得更加复杂，数据资产化后非法获取数据、盗窃数据、破坏数据的行为能否以传统财产犯罪的罪名予以规制，如何客观评估数据的价值等都将是不得不面临的新挑战。既有罪名可以焕发出治理数据犯罪的新生命力，但前提是要尽早明晰数据权的财产属性。

---

① 于冲. 数据安全犯罪的迭代异化与刑法规制路径——以刑事合规计划的引入为视角 [J]. 西北大学学报(哲学社会科学版),2020,50(5):95.

② 孙道萃. 大数据法益刑法保护的检视与展望 [J]. 中南大学学报(社会科学版),2017,23(1):60.

二、刑罚体系困境及挑战

保护数据静态安全与实现数据动态利用是数字经济时代的两大需求，刑法治理数据犯罪的目的主要有两个：一是打击数据犯罪；二是预防数据犯罪。完善的刑罚体系是实现动态利用保护模式的必要手段。在动态利用保护治理模式下，数据利用是数据犯罪的重点区域，侵财型犯罪是数据犯罪的主要类型，以自由刑为主的刑罚体系能否起到治理犯罪、预防犯罪的目的值得深思。并且伴随着生成式人工智能（Artificial Intelligence Generated Content，AIGC）技术的发展，人工智能已经具备了自主学习、自主生成数据的能力，"人"的作用越来越小，在此过程中，如果涉及数据犯罪，则"智能机器人""数字人"以及其背后的主体、使用数据的用户应当如何承担刑事责任均是未来数据犯罪刑法治理模式需要思考的问题。

1. 以自由刑为主

刑罚的功能，是指国家正确制定、裁量和执行刑罚对社会个体以及整体所产生和可能产生的积极作用。[①] 刑罚的正确制定是实现刑罚正确裁量和执行的基础。现行刑法中数据犯罪的刑罚体系以自由刑为主，其中主要包括管制、拘役和有期徒刑。对于侵犯国家秘密、军事秘密、知识产权类数据外的犯罪行为，有期徒刑多为七年以下，甚至三年以下。短期自由刑的负面作用已多有讨论，例如，一种观点认为将被判处自由刑的受刑人拘押在监牢里，容易使不同的罪犯间发生交叉感染，相互影响，传授犯罪经验或技术等，即"监狱也具有犯罪学校的一面"。在数字经济时代，公司、平台等逐渐成为数据的集大成者，在单位犯罪突出的情况下，以自由刑为主要刑罚手段的刑罚体系值得深思。

进一步说，在 AIGC 已经大行其道的时代背景下，刑罚尚缺乏对"智能机器人""数据人"的制裁手段，自由刑很显然无法用于惩治智能机器人、数据

---

① 《刑法学》编写组.刑法学（上册·总论）[M].北京:高等教育出版社,2019:300.

人等人工智能主体，有学者提出可以对智能机器人处以删除数据、修改程序、永久销毁的刑罚措施[1]，这说明现阶段学者已经展开了对数据犯罪刑罚措施的检讨与思考。

2. 罚金刑规范性不足

数据犯罪中侵财型犯罪相较侵犯人身型犯罪更为高发，这就使适用罚金刑惩治数据犯罪成为必然。我国罚金制度本身并不健全，如何有效地适用于数据犯罪更成为一个挑战。目前我国刑法中存在多种罚金刑规定，如无上限罚金制、限额罚金制、比例罚金制、倍数罚金制、倍比罚金制[2]，但与数据犯罪相关的罪名中多数未明确罚金的限额或计算方式。

《最高人民法院关于适用财产刑若干问题的规定》第二条规定："人民法院应当根据犯罪情节，如违法所得数额、造成损失的大小等，并综合考虑犯罪分子缴纳罚金的能力，依法判处罚金。刑法没有明确规定罚金数额标准的，罚金的最低数额不能少于一千元。"《最高人民法院、最高人民检察院关于办理侵犯公民个人信息刑事案件适用法律若干问题的解释》第十二条规定："对于侵犯公民个人信息犯罪，应当综合考虑犯罪的危害程度、犯罪的违法所得数额以及被告人的前科情况、认罪悔罪态度等，依法判处罚金。罚金数额一般在违法所得的一倍以上五倍以下。"《最高人民法院、最高人民检察院关于办理非法利用信息网络、帮助信息网络犯罪活动等刑事案件适用法律若干问题的解释》第十八条规定："对于实施本解释规定的犯罪的，应当综合考虑犯罪的危害程度、违法所得数额以及被告人的前科情况、认罪悔罪态度等，依法判处罚金。"

从以上法律法规可以看出，数据犯罪罚金刑主要以犯罪情节、违法所得数额等为判断标准，除侵犯公民个人信息犯罪按照违法所得的一倍至五倍以下确定罚金数额以外，并无其他罚金刑标准，并且"违法所得"本身也具有不明

---

[1] 刘宪权. 人工智能时代刑事责任与刑罚体系的重构 [J]. 政治与法律,2018(3):29.

[2] 《刑法学》编写组. 刑法学（上册·总论）[M]. 北京:高等教育出版社,2019:314-315.

确性，如何发挥罚金刑的重要作用，还需要立法与司法的双重考量。

第三节　数据权刑法治理模式的改进与立法建议

静态安全保护模式与动态利用保护模式二者共同发挥作用方能释放出最佳的治理效果。数据犯罪是大数据时代的新生事物，一方面具有刑法保护的传统数据法益属性，如秩序与安全；另一方面具有新型数据法益特点，如财产属性。二者在刑法保护方向上有所不同，但二者可以相互兼容、相互平衡。

一、数据犯罪罪名体系的重构

《数字中国发展报告（2022 年）》指出，2022 年我国数字经济规模达 50.2 万亿元，总量稳居世界第二，占 GDP 比重提升至 41.5%，数字经济成为稳增长促转型的重要引擎。[①] 伴随着数字经济规模的不断扩大，数据资产化的进展越来越快，数据的独立价值也日益突出。随着数据经济的发展，数据本身也成为了一种新的财产，合法占有、处分、利用数据会给数据权利人带来经济利益。为充分挖掘数据的价值，促进数据交易有序开展，全国已经建立了多个数据交易中心和场所，为将数字作为资产予以保护提供了现实基础。

刑法虽然具有一定的滞后性，但也建立了治理数据犯罪的基本模式。静态安全保护模式通过刑法修正案及司法解释的不断补充已经相对完善，并指导着数据犯罪司法实践的开展；动态利用保护模式更加强调数据的利用与共享，并对滥用数据的行为进行规制。数据犯罪罪名体系的重构并非在刑法总则或分则中专门设置一章或一节即可完成，而是要在保持现行刑法体系的前提下，使数据犯罪通过适用传统罪名、完善后的计算机犯罪相关罪名来进行系统规制，针对无法通过修订现有法条实现规制的新型犯罪，则应通过构建新罪的方式予以

---

① 新华社 . 2022 年我国数字经济规模达 50.2 万亿元［EB/OL］.（2023-04-28）［2023-06-21］. https://www.gov.cn/yaowen/2023-04/28/content_5753561.htm.

完善。

1. 适用传统罪名进行新时代数据犯罪治理

以数据作为犯罪工具的犯罪在传统犯罪中并不鲜见，当数据仅作为实施犯罪的某种工具或者媒介时，数据本身没有特殊性，在此情况下通过传统罪名的保护就可以实现刑法保护数据权的目的。

例如，虚拟财产在物理性质上属于数据中的电磁记录，但其具有独立的财产法律属性，应当属于财产类犯罪的保护范围。根据张明楷教授的观点可以将虚拟财产解释为财物，从而对盗窃、诈骗、抢劫虚拟财产的行为直接以盗窃、诈骗、抢劫罪论处。[①] 在互联网3.0时代，数字货币进入人们的"钱包"，数字人民币已经发行并成为法定货币。数字人民币或虚拟财产均具有明确的财产属性，明确区分财物与财产性利益的立法例不仅不再有优势，而且落后于大数据时代。在司法实践中，侵害虚拟资产的行为既有通过盗窃罪等传统财产犯罪罪名予以规制的情况[②]，又有以非法获取计算机信息系统数据罪进行规制的情形[③]。之所以存在不同的判决结果，主要是因为立法及司法层面对虚拟财产的数据属性和财产法律属性认识不同。

在数据犯罪构成传统罪名的情况下，数据法益的性质内容包括人身权利、财产权利、社会秩序与国家安全等多元法益内容，因此侵犯数据法益可能同时构成多个犯罪。而根据刑法想象竞合和法条竞合的处理规则，可以解决该部分困扰。所谓想象竞合犯，也称想象的数罪、观念的竞合、一行为数法，是刑法理论上罪数章节中对"实质的一罪"的一种细化分类，具体是指基于一个犯意，实施一个犯罪行为，同时侵犯数个犯罪客体，触犯了数个罪名的情况。根据刑法的一般理论，在想象竞合的情形下，应按行为所触犯的罪名中的一个重罪论处。例如，在非法获取公民个人数据的案件中，如果个人数据既是公民个

---

① 张明楷. 网络时代的刑事立法［J］. 法律科学（西北政法大学学报），2017（3）：69.
② 上海市浦东新区人民法院［2015］浦刑初字第1882号刑事判决书。
③ 北京市海淀区人民法院［2017］京0108刑初365号刑事判决书；北京市第一中级人民法院［2017］京01刑终364号刑事裁定书。

人信息又是计算机系统信息数据，则应当结合具体案情择重处罚。法条竞合指一个犯罪行为同时触犯数个具有包容关系的具体犯罪条文，依法只适用其中一个法条定罪量刑的情况。根据法条竞合的处理方式，应当采用特别法优于普通法的处理规则。

2. 完善以计算机数据犯罪为主要方式的静态安全保护模式

从我国现有的罪名规制及司法案例可以看出，目前我国对数据权的保护主要是通过对计算机系统犯罪与特定数据信息（尤其是个人信息）犯罪的规制进行，且以保护计算机信息系统数据的方式为主。随着计算机底层技术的发展，尤其是云计算、人工智能，甚至 AIGC 等各类技术的迅速发展，数据量级呈几何式增长，数据生命周期拉长，数据自身安全及经济价值都得到了提升。伴随着大数据时代的迅猛发展，目前数据犯罪的方式越来越多样化，诸如非法出售非法获取的数据、掩饰和隐瞒计算机数据及其控制权等行为层出不穷，对于这些行为刑法是否处罚不明[1]，对于数据滥用行为也缺乏刑法规制[2]，现有的刑法及修正案罪名也无法规制诸如"流量黑灰产"等数据信用犯罪。[3]

传统的刑法控制模式力求通过对数据静态安全的维护，以及对非法数据使用行为的刑事制裁，维护数据主体的合法权利。我国《刑法》通过不断拓展侵犯计算机系统类犯罪及侵犯公民个人信息犯罪的适用范围实现对数据安全的强化保护。随着《民法典》《数据安全法》等法律的制定与实施，数据安全逐渐成为独立于信息网络安全的新型法益，并且具有静态安全和动态利用双重含义。然而，我国对于数据安全的刑法保护仍是依赖于对个人法益以及信息网络系统安全法益的保护而间接实现，将数据安全作为独立法益保护的刑事保障制度缺失。[4]

（1）采用侵犯计算机信息系统类犯罪保护数据权之重释。

伴随着计算机技术的发展，原有的侵害计算机信息系统类罪名也体现出其

---

① 陆旭，郑丽莉. 以数据为媒介侵犯传统法益行为的刑法规制 [J]. 中国检察官，2020（24）:65.
② 于改之. 从控制到利用:刑法数据治理的模式转换 [J]. 中国社会科学，2022（7）:56.
③ 高艳东，李莹. 数据信用的刑法保护——以"流量黑灰产"为例 [J]. 浙江大学学报（人文社会科学版），2020，50（3）:64-68.
④ 张勇，周辉. 数据安全刑事治理的激励模式 [J]. 河南社会科学，2023（6）:66.

局限性，并不能完全将新出现的行为完全纳入其罪名规制之中，将其适用在保护数据权之上，则存在更大的局限性。

"计算机信息系统"和"计算机系统"，是指具备自动处理数据功能的系统，包括计算机、网络设备、通信设备、自动化控制设备等。随着云计算、云空间技术的发展，计算机系统不仅包括计算机、网络设备、通信设备、自动化控制设备等，而且是由计算机硬件、系统软件及应用软件三个层次结构组成的，随着各种功能的逐步强大，仅以保护硬件为主的保护理念的局限性逐渐凸显。此外，智能穿戴设备中也记录了大量的信息，形成了大量的数据，对该等设备中数据的侵犯，也应构成侵犯计算机信息系统类犯罪。

现行刑法对于数据保护的直接罪名主要是"非法获取计算机信息数据罪""破坏计算机信息系统罪"。根据《关于办理危害计算机信息系统安全刑事案件应用法律若干问题的解释》第一条，非法获取计算机信息数据罪中的数据仅限为身份认证信息，具体而言为账号、口令、密码、数字证书等，虽然该罪名以数据为名称，但其保护的对象并非数据本身，而是以数据为载体的身份认证信息。随着数据成为独立的生产要素，几乎一切的社会活动都可以和数据产生交集，以数据的形式展现出来。数据除了具有信息价值以外，数据的独立价值也日益凸显，刑法将数据限定为计算机系统数据，并将计算机系统数据限定为身份认证信息，使得目前获取的其他大量具有独立价值的数据无法纳入刑法对于该罪名的保护范围之内。

反观司法实践，被认定为犯罪对象的"数据"不同于刑法限定的"数据"范围，包括电商平台的交易订单数据[1]、快递物流数据[2]、视频数据[3]等，几乎涵盖了一切可能存储的数据类型。也即，司法实践突破了非法获取计算机信息数据罪的现有刑法规定，明显违反了罪刑法定的基本原则，而且随着身份认证信息以外的其他具有价值的数据类型的纳入，非法获取计算机信息数据罪的适

---

[1] 杭州市余杭区人民法院［2014］杭余刑初字1231号刑事判决书。
[2] 上海市青浦区人民法院［2022］沪0118刑初486号刑事判决书。
[3] 北京市海淀区人民法院［2017］京0108刑初2384号刑事判决书。

用范围不断扩大，有逐步沦为"口袋罪"之嫌。为了维护罪刑法定的基本原则，应当取消对计算机信息系统数据的限制，将其扩大到所有数据类型。

非法获取计算机信息数据罪的行为模式表现为获取计算机信息系统中存储、处理或者传输的数据，仅限于非法获取一种行为模式。对计算机信息系统中存储、处理或者传输的数据和应用程序进行删除、修改、增加操作的，被规定在破坏计算机信息系统罪中，破坏计算机信息系统罪增加了删除、修改、增加的行为模式，但并未对数据进行明确的限定，因此在理论和实践中对"数据"存在不同的认知。有人认为该处数据应当指存储在计算机内部的各类数据，而有人则将其限缩为对其删除、修改、增加会损害并导致计算机功能受损或系统不能正常运行的数据。

非法获取计算机信息数据罪与破坏计算机信息系统罪分别从数据的保密性、数据的完整性和可用性两个方面对数据进行了保护。但随着具有数据信息价值及独立价值的数据的不断增多，实际上已经出现了刑法规定与司法实践不一致的情形，这一方面违背了罪刑法定的基本原则，另一方面也导致了计算机系统犯罪的不断"口袋罪"化。传统计算机信息系统犯罪中关于数据的认知理念已经严重落后于数据内涵扩展的现实，导致对数据犯罪的规制不足，这个问题并非没有被司法机关所认识。有学者认为司法机关通过从技术层面扩大"计算机信息系统"范围来扩大"计算机信息系统数据"范围的应对策略，呈现出治标不治本的特征。① 对此本书持否定观点，立法需要的成本高、周期长，且目前的刑法中对数据权的保护分散在各个不同章节法条之中，贸然通过立法的方式新增罪名，容易导致与现有刑法条文规定的冲突。因立法本身具有滞后性，且目前还处于数据经济急速发展的前期阶段，尚不能预测到未来的发展模式，因此通过完善现行刑法已有罪名的方式来应对新的数据犯罪是现阶段更加智慧的选择。

---

① 苏桑妮. 从数据载体到数据信息：数据安全法益本位之回归 [J]. 西南政法大学学报，2020 (6)：97.

例如，关于非法获取计算机信息系统数据罪，可以通过对数据进行扩大解释的方式达到立法与司法的一致性目的。原因有三：首先，计算机系统数据与其他数据均以比特的形式进行存储，两者数据处理的方式可能一致，侵犯数据安全的行为模式可能一致；其次，从技术角度来讲，非法获取计算机系统数据的同时可能会获取其他数据，再从法律上对两者予以区分，成本较大；最后，在司法实践之中，普通人可以接受数据包含计算机系统数据和其他数据的观念，将非法获取计算机系统数据罪中的数据解释为包含身份信息或其他信息并不违反大众对数据的认知，而且在司法实践中，已有大量案例实际上对计算机信息系统数据进行了扩张解释，表明通过完善司法解释，可以实现法律规定与司法适用的相统一。

（2）针对侵犯公民个人信息罪之完善。

侵犯公民个人信息罪规定在刑法分则第四章侵犯公民人身权利、民主权利罪中，其所侵害的法益为个人信息权。非法获取公民个人信息罪经 2009 年《刑法修正案（七）》增设，2015 年《刑法修正案（九）》将其修订为侵犯公民个人信息罪。在该罪名设立及修正之时，《个人信息保护法》尚未出台，刑法超前对侵犯公民个人信息的行为进行了规制。该罪名在设立之初，未对公民个人信息进行界定，直至 2017 年《最高人民法院、最高人民检察院关于办理侵犯公民个人信息刑事案件适用法律若干问题的解释》才首次对"公民个人信息"进行了明确：以电子或者其他方式记录的能够单独或者与其他信息结合识别特定自然人身份或者反映特定自然人活动情况的各种信息，包括姓名、身份证件号码、通信通讯联系方式、住址、账号密码、财产状况、行踪轨迹等。该司法解释通过概括式定义及列举式表述明确了个人信息的内涵。随着数字社会的构建，越来越多公民衣食住行中产生的信息通过电子或其他方式得以记录，2021 年《个人信息保护法》将个人信息定义为电子或者其他方式记录的与已识别或者可识别的自然人有关的各种信息，不包括匿名化处理后的信息。《个人信息保护法》与《最高人民法院、最高人民检察院关于办理侵犯公民个人信息刑事案件适用法律若干问题的解释》相比，更加精炼地提取了个人信息的含义，将匿名化处理后的信息排除在外，并更加注重公民个人信息权益的保护。

《数据安全法》确立了数据分级保护制度，《个人信息保护法》将个人信息进行了分级保护，将个人信息分为一般个人信息和敏感个人信息，针对不同类型的个人信息采取不同的保护模式。刑法层面，《最高人民法院、最高人民检察院关于办理侵犯公民个人信息刑事案件适用法律若干问题的解释》将个人信息分为了三种保护类型，分别为"行踪轨迹信息、通信内容、征信信息、财产信息""住宿信息、通信记录、健康生理信息、交易信息等其他可能影响人身、财产安全的公民个人信息""非法获取、出售其他公民个人信息"，但尚未与《数据安全法》或《个人信息保护法》分级保护机制进行对接。

从侵犯公民个人信息罪的入罪标准来看，《最高人民法院、最高人民检察院关于办理侵犯公民个人信息刑事案件适用法律若干问题的解释》对三类个人信息分别规定了五十条以上、五百条以上以及五千条以上的数量标准，超过该等数量要求的，应当认定为刑法第二百五十三条之一规定的"情节严重"。但随着大数据技术的发展，借助爬虫等技术，可以轻易获得数百万、数亿级的数据量，当下将数量作为情节严重与否的判断标准是否合理值得深思，将数量标准规定为如此之低更值得深思。刑法作为保护数据权的最后一道防线，应当保持其谦抑性，如某种类型的法定犯猛增，则需考虑刑法条文的设置是否合理。

因此，在对公民个人信息进行保护时，应当确定以个人信息权为中心的保护模式，对"侵犯公民个人信息罪"重新定位，本着先民后刑、民紧刑松的保护思路，进一步遵循刑法谦抑性原则，防止犯罪圈无限扩大导致刑法权威的损害。例如，通过修订现有的司法解释，将该罪的入罪门槛提高，修改仅以侵犯公民个人信息的条数为情节严重的考量因素的规定，以适应数字经济时代数据以亿万级规模增长的情形。在司法解释之中，除了对非法获取、出售、提供的行为进行评价，还应当对是否产生了严重后果进行评价。例如，在某些案件中，行为人虽然采取了非法获取的手段，但其获取的数据仅用于某一领域的正常商业活动，后续再无其他新的违法操作，在此过程中未必会产生侵犯公民信息的严重后果，通过民事、行政等方式就可以使公民或数据所有者的权利得以保障，在此种情况下，不应当通过刑事手段予以处罚，刑法应当是最后的保障手段。

3. 构建动态利用保护模式下的新罪名

我国刑法对数据权的保护，主要是以不断扩展信息犯罪或计算机犯罪的外延的方式实现的，但随着数据被作为独立的生产要素，数据已经成为一种独立的法益。现行刑法对信息的保护，对计算机系统及数据的保护，以及对数据安全的保护，已经不能满足数据独立法益的要求，因此有必要通过完善现有的法律、司法解释等来实现刑法对数据的全面保护。

有学者主张通过构建新的数据罪名体系，实现数据安全领域刑法保护的大规模扩张[1]；有学者认为，立法路径成本很高，且需考虑新罪名与现有条款之间的界限和衔接，因而主张通过刑法解释的方式进一步扩大现有罪名的相关规定；有学者认为，在实现方式上，应当通过立法论和解释论并行的方式，充分发挥刑法规范的体系效应。[2] 本书认为，随着数据独立法益地位的确定，应当全面审视现有刑法、司法解释等规定，并且应当同时通过立法及司法的途径进行法律条文的完善，以便实现更加全面的保护。

张明楷教授曾对网络犯罪提出过两种立法路径，即一元模式和二元模式。所谓一元模式，是指在既有法条（包括款项）中增加行为类型与行为对象，使既有法条包括新类型的网络犯罪，对传统犯罪与新型网络犯罪适用相同的法条；所谓二元模式，是指在既有法条之外增加新的法条（包括款项）规制新类型的网络犯罪，对传统犯罪与新型网络犯罪适用不同的法条。[3] 对数据权的

---

① 田刚. 数据安全刑法保护扩张的合理边界 [J]. 法学论坛,2021(2):66.
② 于改之. 从控制到利用:刑法数据治理的模式转换 [J]. 中国社会科学,2022(7):56.
③ 张明楷. 网络时代的刑事立法 [J]. 法律科学(西北政法大学学报),2017(3):69.

刑法保护也可以通过一元模式或二元模式进行，一元模式是指在现有法条、条款中增加行为类型与行为对象，将新类型的数据犯罪通过现有法条予以规制，使其与传统数据犯罪适用同样的法条；二元模式是指在现有法条之外增加新的法条或条款规制新的数据犯罪，使其区别于现有数据犯罪，适用不同的罪名进行规制。因数据权体现为复合法益，行为类型和行为对象也具有复杂性，因此现阶段针对刑法保护数据权的立法建议，大多是既要采用一元模式，又要采用二元模式，只有这样才能更加合理、全面地保护数据权。

有学者根据不同的犯罪行为模式提出了不同的立法建议：针对侵入型数据犯罪增设"准备非法访问网络数据罪"；针对非法获取型数据犯罪，应当将原来的"非法获取计算机信息系统数据罪"从《刑法》第二百八十五条中独立出来，并修改为"非法获取网络数据罪"；针对破坏型和滥用型数据犯罪，建议将《刑法》第二百八十六条中的数据犯罪独立为"破坏网络数据罪"；针对监督管理型数据犯罪，将拒不履行信息网络安全管理义务罪修改为"拒不履行网络数据安全管理义务罪"，甚至考虑增设"网络数据监督渎职罪"。[①]

有学者认为，应当在刑法总则中增设指导数据法益解释的专门条款，以实现根据数据蕴含信息的法益属性，确定数据侵害行为的犯罪性质及在相关数据具有多重法益属性时，根据主要法益属性确定适用的刑法规范的目标。此外，还应当适当限制控制模式立法，增设"过失泄露公民个人信息罪""删除、篡改公民个人信息罪"，适度强化利用模式立法，增设"滥用算法罪"及"非法提供算法服务罪"，并加强数据获取、利用行为的除罪化研究。[②]

有学者建议取消对非法获取数据行为的限定，对于非法获取计算机信息系统罪应取消当前在行为类型上的限定，该罪规制范围的划定应当以数据和信息的区分为核心，以数据安全为独立保护法益，非法获取行为所采取的手段并不影响对数据法益侵害的评价。学者还建议将非法提供、利用、破坏数据的行为

---

① 蔡士林. 我国数据安全法益保护:域外经验与立法路径 [J]. 深圳大学学报(人文社会科学版),2022,39(6):105.

② 于改之. 从控制到利用:刑法数据治理的模式转换 [J]. 中国社会科学,2022(7):56.

纳入刑法规制范围，增设"危害计算机信息系统数据罪"。①

本书认为，现有刑法体系虽然存在一定局限，但已经较为全面地将数据犯罪纳入规制之中，如果大肆修改现有刑法罪名或增设较多新的数据犯罪罪名，会带来诸多问题：首先有损刑法的稳定性及权威性，其次立法成本较高，最后容易导致司法适用的混乱。因此，通过立法路径完善对数据权的刑法保护，应当坚守刑法的谦抑性原则，在确有必要的情形下才能通过立法途径予以完善。

目前刑法对数据权的保护通过信息、计算机系统的双轨路径保护模式，已经能够将大多数数据犯罪纳入规制范围之内。对已经存在的利用计算机或以计算机作为犯罪对象的传统犯罪而言，应当采取解释路径或一元模式的立法路径对现有规定予以完善；而针对新出现的犯罪行为，因其侵犯的法益明显不同于传统法益，可以通过二元模式设立新的罪名对其予以规制。

对于大数据平台等滥用数据的行为尚未在刑法之中予以明确规制的现状，建议通过刑事立法的方式，将数据滥用的行为纳入刑法规制范围之内，具体而言应当增设第二百八十七条之二滥用数据罪：

对于经监管部门责令采取改正措施而拒不改正的，滥用数据损害数据权益、滥用数据获得不当利益或滥用数据损害市场秩序的行为，情节严重的，处以三年以下有期徒刑或者拘役，并处或单处罚金。

单位犯前款罪的，对单位判处罚金，并对直接负责的主管人员和其他直接责任人员，依照第一款的规定处罚。

二、刑种适用的调试与重塑

因数据犯罪主要是侵财类犯罪，通过罚金刑惩治数据犯罪的作用不容小觑。2011 年《刑法修正案（八）》通过以来，我国刑法的轻微犯罪增多趋势日益明显，在此背景下，2015 年《刑法修正案（九）》对分则中的罚金刑进

---

① 苏青. 数据犯罪的规制困境及其对策完善——基于非法获取计算机信息系统罪的展开 [J].法学,2022(7):72.

行了较大幅度的修订，这毫无疑问成为了我国刑法中罚金刑地位发展变化的重要转折点。具体到数据犯罪治理角度，数据犯罪以轻微犯罪为主，行为人非法获取、利用数据的目的多是获取经济利益或创造经济利益，在未造成其他严重后果的前提下，采用罚金刑更能起到刑罚的作用，且可以和我国目前少捕慎诉慎押的刑事司法政策相匹配。

"刑罚的内容是剥夺人的生命、自由、财产、政治权利等利益，本质上是引起人的痛苦的恶害。剥夺人的自由的行为固然是一种痛苦，但剥夺人的财产的行为也同样是痛苦，二者在引起人的痛苦的效果上，应当是等质的。"[①] 对于数据犯罪而言，非法获取、利用数据的目的是获得经济利益或创造经济利益，对其处以罚金刑是非常必要的。在目前刑法规定的数据犯罪罪名之中，侵犯计算机信息系统类犯罪、侵犯公民个人信息罪中均设定了罚金刑。《最高人民法院关于适用财产刑若干问题的规定》以犯罪情节及犯罪分子缴纳罚金的能力为罚金标准，《最高人民法院、最高人民检察院关于办理非法利用信息网络、帮助信息网络犯罪活动等刑事案件适用法律若干问题的解释》确定了综合考虑标准，《最高人民法院、最高人民检察院关于办理侵犯公民个人信息刑事案件适用法律若干问题的解释》则在综合考虑标准基础上，以违法所得的一倍以上五倍以下为具体标准。以上标准并未明确为司法实践提供指引，导致司法实践中认定不一。

数据犯罪本身不一定产生违法所得，或仅产生很低的违法所得，以违法所得作为衡量标准明显具有缺陷。惩治犯罪不应考虑犯罪行为人缴纳罚金的能力，而应进行综合考虑，且应当体现出其惩罚性，并与行政处罚标准相匹配，如根据《个人信息保护法》第六十六条规定："违反本法规定处理个人信息，或者处理个人信息未履行本法规定的个人信息保护义务的，情节严重的，由省级以上履行个人信息保护职责的部门责令改正，没收违法所得，并处五千万元以下或者上一年度营业额百分之五以下罚款。"刑法在处以罚金时应当考虑与

---

① 黎宏,江伟.财产刑的执行现状和对策建言［J］.云南大学学报（法学版）,2006(5):62-65.

行政处罚相衔接。

除此之外,《个人信息保护法》第六十六条中还规定了对直接负责的主管人员和其他直接责任人员的禁止从业限制,可以禁止其在一定期限内担任相关企业的董事、监事、高级管理人员和个人信息保护负责人。《刑法》第三十七条之一规定了禁业规定:"因利用职业便利实施犯罪,或者实施违背职业要求的特定义务的犯罪被判处刑罚的,人民法院可以根据犯罪情况和预防再犯罪的需要,禁止其自刑罚执行完毕之日或者假释之日起从事相关职业,期限为三年至五年。被禁止从事相关职业的人违反人民法院依照前款规定作出的决定的,由公安机关依法给予处罚;情节严重的,依照本法第三百一十三条的规定定罪处罚。其他法律、行政法规对其从事相关职业另有禁止或者限制性规定的,从其规定。"数据越来越聚集于平台、企业或政府之中,利用职务便利或违反法定义务而实施数据犯罪的行为并非少数,对其附加适用禁业规定具有法律基础及现实意义。

第四节　小结

通过界定数据犯罪的定义及其与相关犯罪的区别,本书进一步明确了从数据到数据犯罪的变革,数据法益已经形成,数据犯罪不同于计算机犯罪、信息犯罪或商业秘密、国家秘密犯罪,已经成为一种独立的犯罪类型。在此过程中,我国形成了以刑法、司法解释、司法指导性文件等多层次的数据权刑法保护网。从没有直接将数据作为犯罪对象,到形成静态安全保护时代,再到现在数字经济时代的动态利用保护模式的倡导,我们不可否认静态安全保护模式在打击数据犯罪中的重要作用,但我们也发现了从静态安全保护模式到动态利用保护模式所遇到的司法困境及挑战。在数据安全保护和数据动态利用并重的时代,将传统罪名适用于新型数据犯罪,对不同数据分层分类保护,立法路径和司法路径的修订齐头并进,将是未来治理数据犯罪可以考虑的方向。

第三章

从个体到平台

——商业数据的刑法保护模式探讨

在数字经济的浪潮下，数字技术正强劲地引领、推动经济发展。数字经济时代的典型特征是平台经济，平台经济作为数字时代生产力新的组织方式，正在深刻地改变着人们的生产生活方式，为我国数字经济发展注入强大动力。数据要素在平台经济中发挥作用的历程，就是数据从个体向平台流转从而创造经济价值的过程。在平台经济之下，每当用户与平台进行交互，例如登录平台、接受服务、进行在线交易、网络社交等活动时，都会生成相应的数据，这些数据会实时传输到相应的服务器进行存储、分析和处理[1]，平台企业等市场经济主体纷纷聚合海量用户的个人数据而形成独有的数据资源，开发、挖掘数据背后所反映出的市场信息，利用数据更好地进行市场预测、产品优化、营销分析等智慧决策[2]，形成蕴含商业价值的海量数据集合，并且实现海量数据集合的可持有、可使用、可流通、可交易、可收益。正是在这海量数据集合的使用与流通过程中，数据创造了丰富的经济价值。例如，平台企业在汇集了大量用户的网络购物原始数据后利用算法技术进行加工处理，生成能够反映用户购物偏好、消费水平的衍生数据，衍生数据具有相当高的应用价值与商业价值，被普遍喻为"数据黄金"，可以在数据交易市场中自由流通。海量数据集合中的财产价值利益，基本集中在与平台企业紧密关联的商业数据范畴，故法律对数据的保护不能仅局限于个人数据层面，法律保护的视野，还应当包含商业数据的

---

① 马平川. 平台数据权力的运行逻辑及法律规制［J］. 法律科学（西北政法大学学报），2023（2）:98.

② 冯晓青. 知识产权视野下商业数据保护研究［J］. 比较法研究，2022（5）:31.

保护，从而回应数字经济发展与数据安全保护的双重需求。

目前我国《个人信息保护法》《数据安全法》《网络安全法》这"三驾马车"已经对个人信息、数据保护问题予以积极回应，旨在重点保障数据背后的人格权益免受侵害；社会公众也显然更关心信息数据保护个人隐私的影响，即我国更关注个体层面的信息隐私保护问题。在数字经济时代，个人数据逐渐汇集至平台，对于平台层面的具有商业价值、能够带来经济利益的商业数据，是否需要法律保护以及如何保护等问题，立法仍缺乏关注。事实上，在司法实践中，商业数据已经成为不正当竞争的对象，乃至网络犯罪的觊觎目标。[1] 不当获取、使用、出售具有商业价值的数据资源的乱象频出，亟待网络空间治理法律规则的整体回应，特别是最为严厉的刑事法律。本章旨在对此类商业数据的刑法保护现状进行检视，并探讨此类商业数据的刑法保护模式，以期为数据要素的合法合规流转与交易提供刑事保障基础，进一步推动数字经济平稳发展。

第一节　商业数据概述

一、商业数据的定义

1. 商业数据的概念之争

具有商业价值、能够带来经济利益的数据资源是数字经济时代的"宠儿"，然而对于具有商业价值、能够带来经济利益的数据资源应如何界定，这一问题目前尚无规范答案。由于此类主题仍属于新兴研究领域，且不少文献在讨论数据相

---

① 例如，在"车来了"非法获取计算机信息系统数据案（广东省深圳市中级人民法院〔2017〕粤 03 民初 822 号民事判决书、广东省深圳市南山区人民法院〔2017〕粤 0305 刑初 153 号刑事判决书）中，公交"车来了"App 软件著作权人元光公司的法定代表人和技术总监利用网络爬虫软件获取谷米公司服务器中的实时数据，将数据用于"车来了"App 并对外提供给公众进行查询。深圳市南山区人民法院认定该行为已构成非法获取计算机信息系统数据罪。另外，元光公司利用网络爬虫技术大量获取并且无偿使用谷米公司"酷米客"软件的实时公交信息数据的行为，被法院认定为一种"不劳而获""食人而肥"的行为，构成不正当竞争。

关法律问题时没有明确概念内涵，学术界对此类数据如何界定以及采用何种表述尚未达成共识，导致现有研究并没有聚焦至同一特定概念的讨论上。目前比较具有代表性的表述包括"企业数据""平台数据""商业数据"。实际上，学者在讨论中所使用的这三个概念内涵大体相似，只是用语存在差别。学理讨论中较为激烈的是"企业数据"。"企业数据"这一表述在 2022 年 12 月 19 日中国共产党中央委员会、国务院发布的《数据二十条》这一关于数据要素发展的国家政策性文件中已得到确认，该意见提出要建立公共数据、企业数据、个人数据产权制度①，将数据分为了公共数据、企业数据、个人数据三类。虽然"企业数据"的表述可能更广为人知，并有国家政策的确认基础，但本书认为，相较于"企业数据"与"平台数据"，"商业数据"这一表述更能代表具有商业价值且能够带来经济利益的数据资源，有以下几点原因：

第一，"商业数据"是一个相对规范意义上的表述。"商业数据"这一表述在 2022 年发布的《中华人民共和国反不正当竞争法（修订草案征求意见稿）》（以下简称《反不正当竞争法（修订草案征求意见稿）》）第十八条②新增的经

---

① 《中共中央、国务院关于构建数据基础制度更好发挥数据要素作用的意见》："（三）探索数据产权结构性分置制度。建立公共数据、企业数据、个人数据的分类分级确权授权制度。根据数据来源和数据生成特征，分别界定数据生产、流通、使用过程中各参与方享有的合法权利，建立数据资源持有权、数据加工使用权、数据产品经营权等分置的产权运行机制，推进非公共数据按市场化方式'共同使用、共享收益'的新模式，为激活数据要素价值创造和价值实现提供基础性制度保障。研究数据产权登记新方式。在保障安全前提下，推动数据处理者依法依规对原始数据进行开发利用，支持数据处理者依法依规行使数据应用相关权利，促进数据使用价值复用与充分利用，促进数据使用权交换和市场化流通。审慎对待原始数据的流转交易行为。"
② 《中华人民共和国反不正当竞争法（修订草案征求意见稿）》第十八条规定："经营者不得实施下列行为，不正当获取或者使用其他经营者的商业数据，损害其他经营者和消费者的合法权益，扰乱市场公平竞争秩序：（一）以盗窃、胁迫、欺诈、电子侵入等方式，破坏技术管理措施，不正当获取其他经营者的商业数据，不合理地增加其他经营者的运营成本、影响其他经营者的正常经营；（二）违反约定或者合理、正当的数据抓取协议，获取和使用他人商业数据，并足以实质性替代其他经营者提供的相关产品或者服务；（三）披露、转让或者使用以不正当手段获取的其他经营者的商业数据，并足以实质性替代其他经营者提供的相关产品或者服务；（四）以违反诚实信用和商业道德的其他方式不正当获取和使用他人商业数据，严重损害其他经营者和消费者的合法权益，扰乱市场公平竞争秩序。本法所称商业数据，是指经营者依法收集、具有商业价值并采取相应技术管理措施的数据。获取、使用或者披露与公众可以无偿利用的信息相同的数据，不属于本条第一款所称不正当获取或者使用其他经营者商业数据。"

营者不正当获取或使用其他经营者的商业数据的条款中得以确认，该条款明确指出："本法所称商业数据，是指经营者依法收集、具有商业价值并采取相应技术管理措施的数据。"而"企业数据""平台数据"这两个表述并未在法律规范体系中出现过，仅仅是政策、学理上以及社会公众的常用表述。虽然，有观点认为，该条规定采用"商业数据"的表述来指称政策和学理上的"企业数据"概念，不利于法律语言的一致性和协调性，徒增解释成本。[①] 但是"企业数据"毕竟仅是政策与学理上的表述，而"商业数据"已被纳入法律规范体系中，司法实践应当尊重法律用语的表述，自觉与立法语言保持一致，避免学理讨论与立法脱钩。并且，本章旨在从刑法视角下展开讨论，虽然"商业数据"是《中华人民共和国反不正当竞争法》（以下简称《反不正当竞争法》）中的概念用语，而《反不正当竞争法》与《刑法》在规制对象与规制手段方面都存在差异，但二者的规制范围与价值理念是不冲突的。例如《反不正当竞争法》中的反商业贿赂条款在《刑法》中也有对应罪名，换言之，《反不正当竞争法》中的反商业贿赂相关规定为《刑法》对行贿犯罪、受贿犯罪的打击提供了规范补足。此外，"商业数据"表述与《刑法》"侵犯商业秘密罪"中的"商业秘密"表述更为协调。所以在刑法讨论中，采用《反不正当竞争法》中的"商业数据"表述不会形成理解上的壁垒，反而可以增强法秩序的统一性，便于不同部门法之间学术成果的互通有无。

第二，采用"商业数据"表述可以避免陷入数据的权属之争。"企业数据"与"平台数据"表述皆采用以数据主体或是数据来源为定义标准的界定方式，顾名思义，"企业数据"与"平台数据"的表述均体现出了数据属于企业或是数据属于平台的内涵。以"平台数据"为例，对于平台数据的权属问题，司法实践为此争论不休。例如，最高人民法院发布《依法平等保护民营企业家人身财产安全十大典型案例》之八：淘宝（中国）软件有限公司诉安

---

① 张素华. 数据产权结构性分置的法律实现［J］. 东方法学,2023(2):79.

徽美景科技有限公司不正当竞争纠纷案①，该案系首例涉及大数据产品权益保护的新类型不正当竞争案件，但涉及数据权益的立法付诸阙如，相关主体的权利义务处于不确定状态；此类诉争涌现不断，只能依靠个案裁判确定数据权属。对于平台数据的权属问题，学术界观点亦莫衷一是，主要有以下五种观点：一是平台数据归个人所有；二是平台数据归平台所有；三是平台数据由个人与平台共有；四是平台数据归公众所有；五是场景化界定平台数据权属。② 前四种观点为静态的权属认定模式，最后一个观点则为动态的权属认定模式。无论如何，平台数据的多重属性以及相关法律规范之阙如，都使得平台数据的法律地位并不明晰，从而导致数据权利归属、权利范围、权利性质均存在不确定性。从目前的国家政策来看，我国更强调通过探索数据产权结构性分置制度发挥数据要素的积极作用，推动数据进入数字经济的生产活动之中，坚持各取所需、共享红利，促进数字经济的平稳发展，而并未在制度层面对数据所有权进行统一的权属划分。所以，本书认为，数据确权具有复杂性，探讨具有商业价值、能够带来经济利益的数据资源应如何保护，暂不必纠结于数据权属问题，而应回到更应当关注的数据保护问题上来。采用"平台数据"或是"企业数据"表述必然会使得数据保护的讨论落入权属争论之窠臼中，但"商业数据"这一表述体现的是数据的特征与使用语境，而不是数据主体或是数据来源，商业数据的持有人可以包括自然人、法人与非法人组织，而不限于通常概念中的企业③，从而能够跳脱出数据确权之争，聚焦在核心的数据保护问题之上，因此以"商业数据"这一表述作为本章讨论主体更为适宜。

第三，采用"商业数据"表述能够体现数据商业价值的重要性，准确反

---

① 浙江省杭州市中级人民法院［2018］浙 01 民终 7312 号民事判决书。
② 丁晓东. 数据到底属于谁？——从网络爬虫看平台数据权属于数据保护［J］. 华东政法大学学报,2019(5):80–83.
③ 孔祥俊. 论反不正当竞争法"商业数据专条"的建构——落实中央关于数据产权制度顶层设计的一种方案［J］. 东方法学,2022(5):16.

映其市场意义与竞争价值。① 如前文所述，"商业数据"表述没有以数据主体或数据来源作为界定标准，而是以数据特征与数据使用语境作为界定标准，采用此表述可以使得公众注意到此类数据的商业本质。进一步而言，"商业数据"中的"商业"二字更符合经营者生产经营的语境，并能够体现出此类数据具有商业价值之本质；以"商业数据"这一表述作为讨论主体可以凸显出重视数据的商业价值的理念，这与我国当前提出要充分发挥海量数据规模和丰富应用场景优势，激活数据要素潜能，做强做优做大数字经济，释放价值红利的政策要求②是契合的。

综上所述，本章确定以"商业数据"作为讨论主体，并进一步展开刑法视角下商业数据的保护讨论。

2. 刑法视角下的商业数据界定

"商业数据"是《反不正当竞争法（修订草案征求意见稿）》中的概念，在《反不正当竞争法（修订草案征求意见稿）》中，"商业数据"指"经营者依法收集、具有商业价值并采取相应技术管理措施的数据"。虽然《反不正当竞争法》与《刑法》的维度不相冲突，但二者的适用场景不完全一致，故如需在刑法讨论中沿用《反不正当竞争法》中的表述，还需结合刑法保护的必要性以及刑法罪名体系对"商业数据"的内涵与外延进行刑法视角下的重新界定。

从刑法保护的视角来看，刑法保护此类数据的意义在于商业数据的重大财产价值，并且这一财产价值关联了刑法的基本法益，所以刑法视角下的商业数

---

① 孔祥俊. 论反不正当竞争法"商业数据专条"的建构——落实中央关于数据产权制度顶层设计的一种方案 [J]. 东方法学,2022(5):16.

② 《中共中央、国务院关于构建数据基础制度更好发挥数据要素作用的意见》："数据基础制度建设事关国家发展和安全大局。 为加快构建数据基础制度，充分发挥我国海量数据规模和丰富应用场景优势，激活数据要素潜能，做强做优做大数字经济，增强经济发展新动能，构筑国家竞争新优势……（二）工作原则——坚持共享共用，释放价值红利。 合理降低市场主体获取数据的门槛，增强数据要素共享性、普惠性，激励创新创业创造，强化反垄断和反不正当竞争，形成依法规范、共同参与、各取所需、共享红利的发展模式。"

据概念并不需要"经营者收集"这一特定要素，关键要素应当是数据能够带来经济利益的商业价值。从商业数据涉及的刑法罪名视角来看，司法实践中商业数据所涉罪名主要包括侵犯公民个人信息罪、侵犯商业秘密罪、侵犯著作权罪以及破坏计算机信息系统罪，商业数据要构成上述犯罪的犯罪对象并不必然具备"采取相应技术管理措施"的条件。一般认为，构成侵犯商业秘密罪中的商业秘密需要具备保密性，即对商业秘密采取一定的保密措施，但落入刑法保护范围内的商业数据并不一定需要被采取保密措施，没有采取保密措施的商业数据也可以通过破坏计算机信息系统罪等其他罪名的适用得到保护，刑法没有必要将商业数据限定在商业秘密的范围内，否则商业数据就成为了数据形式的商业秘密，"商业数据"这一概念丧失了独立存在的意义。并且，刑法学者讨论较多的"企业数据"概念也不强调保密性。所以在刑法视域下，《反不正当竞争法（修订草案征求意见稿）》中"商业数据"的定义只需保留"具有商业价值"这一要素即可。

除了要求具备商业价值之外，商业数据内涵中需具备的基本要素还应包括数据资产形式，即能够在海量数据的基础上形成以数据为载体和表现形式的数字化资源。一般而言，单一的数据难以形成相当高的商业价值，而数据资产是能够带来潜在经济利益或实际经济利益的，并且其价值是能够被估值计算的。

所以，本书认为，刑法视角下的商业数据是指以数据为载体和表现形式，具有商业价值、能够带来经济利益的数据资产。

二、商业数据的属性

1. 集合性

商业数据是数据的集合体，不能将单一数据称为商业数据。数据的规模影响数据的价值，如果数据的规模较小则难以提炼出巨大的商业价值。所以商业数据必须是海量数据形成的数据集合体，这也是大数据时代下数字经济发展的应有之义，因为规模之"大"就是大数据中数据的本质特征①，只有大规模数据才能形成数字经济效应。

2. 可管理性

商业数据具有可管理性，即具备管理的可能性。商业数据的持有者通常会花费一定的人力、物力对数据采取一定的技术管理措施，这表明商业数据本身是可以被管理的；只有如此，商业数据才能在数据持有者的管理支配下有序释放出商业价值。这一属性与刑法中财物的管理可能性的本质是相同的。财物不限于有体物，数据也可以成为财物，只是以无体物的表现形式出现。如果数据无法被管理支配，则无法被评价为刑法意义上的财物。

3. 价值性

商业数据是具有商业价值的数据资源，能够带来潜在的或直接的经济利益，商业数据所具备的商业价值是其核心属性。由于大数据时代数据的非独占性与共享性特征，数据可以由不同人使用并创造不同的价值。即使是完全相同的数据也可以基于不同的目的进行开发、利用，从而产生不同的增值服务或衍生应用。② 平台企业通过付出一定成本在原始数据基础上加工形成的商业数据，因其产生增值服务与商业价值，形成了稀缺性资源，具有不同程度的使用价值，进而形成不同程度的经济利用价值；所以，商业数据也就成为平台企业争相抢夺的数据资源，甚至可能会遭受新型犯罪技术的攻击，特别是那些具有巨大经济利用价值的商业数据。例如，2022 年 12 月 20 日，智能电动汽车企业蔚来的首席信息安全科学家、信息安全委员会负责人卢龙称，蔚来公司大量用户基本信息、车辆销售数据被窃取，遭勒索 225 万美元等额比特币。③ 这一事件引起市场高度关注，为数据安全敲响了警钟，同时也凸显了商业数据的刑法保护必要性。

---

① 孔祥俊．商业数据权：数字时代的新型工业产权——工业产权的归入与权属界定三原则［J］．比较法研究，2022（1）：93.

② 吴伟光．大数据技术下个人数据信息私权保护论批判［J］．政治与法律．2016（7）：118.

③ 中国新闻网．蔚来回应数据被窃取：对此事给用户造成的损失承担责任［EB/OL］．（2022-12-20）［2023-09-21］．https://www.chinanews.com.cn/cj/2022/12-20/9918344.shtml.

另外，由于商业数据的价值性，不少平台企业为了维护其价值，会对其附加一定的秘密性。例如，部分平台企业为了维护自身在业内的竞争优势，会对所持有的商业数据采取一定的保密措施，防止他人窃取。但需要说明的是，并不是所有的商业数据都具备秘密性。是否对商业数据附加秘密性，是商业数据持有者自主决定的，商业数据持有者可以根据其市场营销与发展策略调整商业数据的秘密性，所以商业数据无论是被公开或是附条件公开都不影响其商业数据的定性。

4. 商业目的性

商业数据是基于商业目的而收集的，商业数据一般被用于商业盈利、市场竞争等市场活动。商业数据的商业目的属性，使商业数据与政府部门及法律、法规授权的具有公共管理或服务职能的事业单位和社会组织在履行公共职能时收集、生成和管理的政府数据相区别。具体而言，商业数据是为商业目的而产生与应用的，政府数据则是为了履行公共职能所形成的。

第二节　商业数据的刑法保护检视

数字经济的浪潮之下，商业数据被深度挖掘与应用，形成了具有高度市场价值与应用价值的"数据黄金"，在商业领域乃至社会管理领域都发挥着举足轻重的作用，是我国数字经济发展的重要组成部分，商业数据带来的财产价值理应被法律所保护。然而，商业数据激起"千层浪花"之下的"暗流涌动"也不可忽视，商业数据产生巨大财产价值的同时，其自身被窃取、不当使用的侵害风险也随之加剧，涉商业数据犯罪频频发生。刑法以其严厉性与最后性在社会治理机制中扮演着不可或缺的重要角色，虽然刑法法网也为商业数据提供了保护，但是当前商业数据的刑法保护仍遇阻力。保障数据安全是推动数字经济平稳发展的前提，加强对数据相关法益的刑法保护是数字经济时代的必然选择，本节旨在对商业数据的刑法保护进行全面检视，从而反思进一步完善刑法周延保护商业数据的路径。

一、商业数据刑法保护的必要性

当社会生活的利益产生变化，刑法应当作出积极应对。商业数据的应用实际上已经融入了人类社会生产、生活以及社会治理的各个环节，并在应用过程中产生财产法益。商业数据与社会公众所关注的刑法基本法益密切相关，刑法作为社会治理机制的重要一环，理应对商业数据这一社会公众所共同认可值得保护的利益进行保护。

1. 商业数据产生财产法益

商业数据为数字经济的蓬勃发展不断注入创新动力，越来越多的平台企业斥巨资挖掘商业数据的数据价值，从而使得商业数据更好地被利用与变现，实现数据资源到数据资产的飞升。例如，阿里巴巴开发的淘宝数据魔方这一数据产品，集成了海量交易数据，可以为行业提供数据分析功能，其中包含了品牌、店铺、产品的排行榜，购买人群的特征分析（年龄、性别、购买时段、地域等），除此之外，数据魔方还提供了淘词功能，主要用于优化商品标题，通过使用效果更好的关键词来提升搜索排名。[①] 企业可以通过采购淘宝数据魔方这一数据产品掌握与分析商品的销售情况，辅助企业做出更优的市场决策，实现精准营销。数据挖掘犹如利用炼油技术将原油精炼成汽油一般，从海量碎片化的数据中提炼出有价值的信息，通过分析公众的行为特征，发现蕴藏的行为规律，做出精确的行为预测结果，并应用到社会经济生活中，为使用者提供创造性、前瞻性、舒适性的产品和服务，赢得巨大的竞争优势和经济效益。这表明商业数据正从纯粹的技术符号演变成实实在在的财产性利益[②]，形成了扩充的利益增量。

商业数据自生与衍生的大量财产性利益形成了财产法益。具体而言，在

---

① 百度百科. 淘宝数据魔方 ［EB/OL］.（2010 - 03 - 30）［2023 - 09 - 21］. https://baike. baidu. com/item/淘宝数据魔方/10861671？fr =aladdin.

② 刘一帆，刘双阳，李川. 复合法益视野下网络数据的刑法保护问题研究 ［J］. 法律适用，2019（21）：111.

数据的加工处理等一系列环节中，平台企业投入的大量成本使得原本只具有符号意义的数据成为以数据为表现形式的资产，在这一过程中，商业数据被财产化，进而成为刑法意义上的财物，从而产生出可以被刑法所保护的财产法益。

刑法意义上的财物应当具备价值性、管理可能性与转移可能性三大特征。[①] 首先，商业数据具有价值性。凡具有一定客观值或者一定使用价值的财物，原则上就属于财产犯罪的行为对象。[②] 商业数据无疑具备客观价值与使用价值，其不仅可以为用户带来更优质的产品与服务，还可以为数据持有者带来显著的经济利益与竞争优势，甚至还可能应用于社会管理场景，成为经济社会的重要资源。虽然商业数据的价值可能会基于时间、规模、场景等因素产生波动，但商业数据的价值性是客观存在的，只是其价值性可能会以潜在的形式或是现实的形式呈现，商业数据中的衍生数据可以在特定场景下立刻变现，而部分商业数据中的原始数据在特定场景下可能还未达到可以变现的程度。以股东持有的股份或股权为例，与不动产价值不同，股权价值极易受公司状况和市场变化的影响而产生波动，但《刑法》第九十二条规定[③]将股份也纳入财产范围，司法实践中亦普遍认可股东所持有的股份或股权可以成为财产犯罪的对象[④]；因此，刑法中财物的价值性不会因可能的价值波动而被否定，商业数据的价值不论是恒定还是波动都不会影响其价值性。其次，商业数据具有管理可能性。如前文所述，商业数据的持有者通常会花费一定的人力、物力对数据采取一定的技术管理措施，如加密存储管理，这表明商业数据本身是可以被管理的，只有如此，商业数据才能在数据持有者的管理支配下有序释放出商业价值。管理可能性也是商业数据的基本属性。最后，商业数据具有转移可能性。

---

①② 张明楷. 非法获取虚拟财产的行为性质 [J]. 法学,2015(3):19.
③ 《刑法》第九十二条规定："本法所称公民私人所有的财产，是指下列财产：（一）公民的合法收入、储蓄、房屋和其他生活资料；（二）依法归个人、家庭所有的生产资料；（三）个体户和私营企业的合法财产；（四）依法归个人所有的股份、股票、债券和其他财产。"
④ 最高人民法院刑事审判第一、二、三、四、五庭. 刑事审判参考 [M]. 北京:人民法院出版社,2023:56-62.

当前数字时代的技术，完全可以支持商业数据从一个数据控制者传输到另一个数据控制者的控制范围内，商业数据在数据交易市场的快速流通是客观存在的，数据控制者完全可以实现商业数据的自由转移、处分。当前，数据交易市场的存在为大规模商业数据的传输与交易提供了便利条件。以上海数据交易所为例，如图3-1所示，上海数据交易所已经形成了一套规范的交易流程，数据供应方和需求方可以利用数据交易所平台的技术支持，通过规范的交易流程实现数据的传输与交易。而商业数据的自由流转是推动商业数据形成商业价值的关键所在，也是大数据时代得以真正到来的重要原因。

| 交易前 | | 交易中 | | | | 交易后 | |
| 产品登记 | 产品挂牌 | 交易测试 | 交易签约 | 数据交付 | 交易结算 | 凭证发放 | 纠纷处理 |

图3-1　上海数据交易所交易流程①

财产法益是刑法所应当保护的重要法益，这是刑法学界的共识，所以将作为新型财产的商业数据纳入刑法的保护范围是合理且必要的。尽管商业数据在形式上与传统认知的财产存在差异，但基于商业数据同时具备价值性、管理可能性以及转移可能性，符合刑法意义上的财物的特征，其应当被视为刑法上的新型财产，从而成为财产犯罪的对象，同时也是刑法保护的客体。

2. 商业数据关联基本法益

刑法的法益来源于社会环境下的经验事实②，是社会公众普遍认可的值得保护的核心利益。③商业数据所涉及的利益广泛，密切关联刑法所保护的三大

---

① 上海数据交易所. 交易流程 ［EB/OL］.［2023-09-21］. https://www.chinadep.com/dataEx.

② 田宏杰. 刑法法益:现代刑法的正当根基与规制边界 ［J］. 法商研究,2020(6):78.

③ 唐稷尧. 大数据时代中国刑法对企业数据权的保护与规制论纲 ［J］. 山东警察学院学报,2019(3):31.

基本法益——国家法益、社会法益与个人法益，对关联基本法益的商业数据进行刑法保护与规制具有正当性。

在国家法益层面，商业数据的应用有助于促进数据要素的流通，推动数据要素资源化、资产化、资本化，培育商业数据的应用与运营有助于增强经济发展新功能，构筑国家竞争新优势。此外，海量商业数据中也包含关联国家战略与国家安全的数据，所以，商业数据的收集与使用关乎国家数字经济发展与安全大局，商业数据的背后涉及刑法应当保护的国家法益。目前已有企业运营商业数据危害国家安全的案例，滴滴公司网络安全审查案为典型案例。2021 年 7 月，为防范国家数据安全风险，维护国家安全，保障公共利益，依据《中华人民共和国国家安全法》《网络安全法》，网络安全审查办公室按照《网络安全审查办法》对滴滴公司实施网络安全审查；2022 年 7 月 21 日，国家互联网信息办公室公布对滴滴全球股份有限公司依法作出网络安全审查相关行政处罚的决定，并说明滴滴公司存在严重影响国家安全的数据处理活动，以及拒不履行监管部门的明确要求，阳奉阴违、恶意逃避监管等其他违法违规问题。滴滴公司违法违规运营给国家关键信息基础设施安全和数据安全带来严重安全风险隐患。①

在社会法益层面，商业数据的应用为维护社会管理提供了便利条件，成为数字经济时代社会治理的重要组成部分。当前，根据国务院关于提请审议国务院机构改革方案的议案，我国组建国家数据局，其职能包括推进数据要素基础制度建设、推进数字基础设施布局建设等内容。2023 年 10 月 25 日，国家数据局挂牌成立。商业数据作为数据要素中的重要部分，其应用无疑被纳入国家数据局组织实施国家大数据战略中，成为社会管理的重要一环。在地方层面，不少地方政府选择与运营大数据的企业进行合作，在监督管理数据交易市场的同时促进数据资源的流通，统筹协调地方的数据资源管理。例如，贵阳大数据交易所是全国第一家大数据交易所，贵阳大数据交易所的体系架构是"贵州省

---

① 中国网信网．国家互联网信息办公室有关负责人就对滴滴全球股份有限公司依法作出网络安全审查相关行政处罚的决定答记者问［EB/OL］．（2022－07－21）［2023－09－21］．http://www.cac.gov.cn/2022－07/21/c_1660021534364976.htm.

数据流通交易服务中心+贵阳大数据交易所有限责任公司"，其中，贵州省数据流通交易服务中心作为贵州省大数据发展管理局下属一类事业单位，具体负责数据流通交易、合规监管服务等工作，承担数据流通交易平台建设管理，开展数据商准入审核，数据要素登记等服务，委托贵阳大数据交易所有限责任公司进行平台运营，推动数据要素市场培育。贵阳市大数据交易所有限责任公司则负责数据流通交易平台日常运营、市场推广和业务拓展等工作，开展交易撮合、第三方中介等服务，依法依规接受相关部门的监督管理，坚持合规运营，有效防范风险，确保数据安全。①

在个人法益层面，商业数据的全生命周期都可能涉及个人法益。在商业数据的收集与获取环节，企业需要海量原始数据分析用户特征、消费习惯等信息从而制订营销策略与产品计划，相当一部分的原始数据是源于自然人个体，例如用户主动在平台上传个人基本信息从而获取平台服务的场景下，这些用户所上传的数据信息可能具备身份可识别性，换言之，有一部分商业数据中以信息形式呈现的原始数据为个人信息，关联个人隐私、尊严、自由以及人身安全与财产安全。在数据的使用环节，平台企业大规模分析、加工并出售数据已是数据产业的常态，在未脱敏处理的情况下，未经个人信息权利主体同意，将包含个人信息的商业数据提供给他人，有可能侵犯他人的个人信息权益。同时，当前数据交易市场兴起，商业数据的收集与流转也逐渐成为了一种商品化交易过程，成为商业市场交易对象的数据日益增多，这也表明商业数据在实质上具备了商品的交换价值，承载着数据主体的财产权益。在数据的收集与使用过程中，窃取或不当使用数据主体的商业数据属于侵犯财产权益行为。

商业数据蕴含的个人信息权益与财产权益在《刑法》中均有对应，《刑法》通过第四章"侵犯公民人身权利、民主权利罪"中的侵犯公民个人信息罪对个人信息权益进行刑法保护，通过第五章"侵犯财产罪"之下的罪名对

---

① 贵州金融官微．一图读懂｜贵阳大数据交易所［EB/OL］．（2022-07-21）［2023-09-21］．http://jr.guizhou.gov.cn/jrzx/jrsz/202207/t20220721_75637558.html.

财产权益进行刑法保护。我国《刑法》分则按照同类法益进行章节编排，《刑法》第四章与第五章中的罪名的同类法益均为个人法益，所以，将商业数据映射至刑法罪名的保护法益可以得出商业数据关联个人法益的结论。

二、商业数据刑法保护的司法现状

目前，我国商业数据的刑法保护主要有三种路径：财产化保护路径、数据信息化保护路径、知识产权保护路径。

1. 财产化保护

司法实践对数据财产化保护思路已进行过尝试，即将数据视为财产犯罪对象，通过适用财产犯罪类罪名保护数据。目前已有司法解释运用扩张解释的方法将"数据"视为财物，如《最高人民法院、最高人民检察院关于办理危害计算机信息系统安全刑事案件应用法律若干问题的解释》第七条规定[1]将计算机信息系统数据及其控制权作为一种无形物纳入"犯罪所得"的范畴，视为犯罪行为直接获取的财物，掩饰、隐瞒犯罪所得罪的行为对象。[2]

但是，针对商业数据的财产化保护思路并未得到实际应用。司法裁判中，从已公布的相关裁判文书来看，基本没有对非法获取、出售商业数据等行为以财产犯罪相关罪名论处的裁判案例，更多是以危害计算机信息系统相关罪名处理。尽管对于虚拟财产相关犯罪以财产性犯罪定罪为主[3]，但虚拟财产与商业数据并不能完全等同，虚拟财产指的是具有财产性价值、以电磁数据形式存在于网络空间的财物，包括账号类、物品类、货币类虚拟财产[4]，而商业数据指

---

① 《最高人民法院、最高人民检察院关于办理危害计算机信息系统安全刑事案件应用法律若干问题的解释》第七条规定："明知是非法获取计算机信息系统数据犯罪所获取的数据、非法控制计算机信息系统犯罪所获取的计算机信息系统控制权，而予以转移、收购、代为销售或者以其他方法掩饰、隐瞒，违法所得五千元以上的，应当依照刑法第三百一十二条第一款的规定，以掩饰、隐瞒犯罪所得罪定罪处罚。"

② 刘一帆，刘双阳，李川．复合法益视野下网络数据的刑法保护问题研究［J］．法律适用，2019（21）：109-117.

③ 刘品新．虚拟财产的价值证明：从传统机制到电子数据鉴定机制［J］．国家检察官学院学报，2017（5）：75.

④ 陈兴良．虚拟财产的刑法属性及其保护路径［J］．中国法学，2017（2）：146.

的是能带来商业价值的与经济利益的数据资产。虚拟财产与商业数据的特征、价值生成与体现方式均不同，商业数据具有集合性，但虚拟财产不当然具有集合性，并且虚拟财产所体现的价值在于其本身的交易价值，如网络游戏中的虚拟装备，对于游戏玩家具有特殊意义，因此具备了使用价值与交易价值，而商业数据的价值更多体现在商业主体通过大数据分析出某种趋势或得出某种有用信息或其他有用性，从而产生商业价值与经济效益；虽然二者的本质都是财物与数据，但基于前述区别，二者不可等而论之。① 所以，目前以财产犯罪相关罪名规制涉商业数据犯罪的财产化保护路径并未获得司法裁判者的认可。

2. 数据信息化保护

数据信息化保护路径指的是适用计算机信息系统相关罪名与侵犯公民个人信息罪保护商业数据的路径。在数据信息化保护路径下，非法侵入计算机信息系统罪，非法获取计算机信息系统数据罪，非法控制计算机信息系统数据罪，提供、侵入非法控制计算机信息系统程序、工具罪，破坏计算机信息系统罪是刑法用以惩治破坏数据安全的专属罪名。虽然上述罪名的保护法益基本可以概括为计算机信息系统安全，但因为对数据的存储、流转等一系列操作等都依赖于计算机信息系统，非法取得、篡改、销毁数据等行为直接表现为非法侵入、非法控制计算机信息系统或者侵入计算机信息系统后获取数据②，所以针对商业数据的犯罪可以通过上述危害计算机信息系统犯罪相关刑法规范进行规制。基于非法获取计算机信息系统数据罪与破坏计算机信息系统罪的罪状中明确了犯罪对象"数据"，故非法获取计算机信息系统数据罪与破坏计算机信息系统罪是商业数据信息化保护的主要适用罪名。需要指出的是，我国对危害计算机信息系统犯罪的行为要件设置了"授权""访问控制"等入罪标准，以强化对数据的访问控制，比如，非法获取计算机信息系统数据罪中的行为手段包括"侵入"与"采用其他技术手段"。

---

① 朱尉贤. 数据与虚拟财产 | 数据与网络虚拟财产的对比与未来 [EB/OL]. (2023-03-26) [2023-09-21] https://mp.weixin.qq.com/s/aXhRgZssFUtZKyW7GltvlQ.
② 时延安. 数据安全的刑法保护路径及方案 [J]. 江海学刊,2022(2):146.

以全国首例非法获取地理信息数据刑事案为例，在张某等非法获取计算机信息系统数据案[①]中，被告人张某、陈某未经 Q 公司允许，擅自使用被告人陈某编写的 XCORS. GwServer 程序，通过搭建中间平台的方式，获取 Q 公司等精确定位差分系统的地理信息数据用于转发，从而销售 CORS 服务账号，实现一个 Q 公司账号给多个终端用户服务，销售金额为 52 万余元。经鉴定，XCORS. GwServer 程序具有避开 Q 公司账号认证、位置识别、处置转发行为等安全技术措施的功能。浙江省德清县人民法院经审理认为，本案中被告人张某经营的公司曾为 Q 公司的分销商，在明知 Q 公司禁止获取数据转发，且终止分销合作协议的情况下，通过被告人陈某编写的 XCORS. GwServer 程序，以更隐蔽的技术手段继续获取并转发 Q 公司的地理信息数据，属于"采用其他技术手段"获取计算机信息系统内存储、处理、传输数据的行为。被告人张某、陈某、李某采用其他技术手段，获取被害单位计算机信息系统中存储、处理或者传输的数据，情节特别严重，其行为均已构成非法获取计算机信息系统数据罪。法院认为，行为人违背数据权利人的意愿，通过侵入或者采用其他技术手段非法获取相关数据，不仅构成侵权，情节严重的，还可能构成犯罪。因为不公开或半公开的数据，权利人会对数据采用一定的保密措施，如果超过授权、避开或突破安全技术措施获取数据，则违背了权利人的保密意思，不但对他人利益造成侵害，也可能危及计算机信息系统以及数据本身的安全，可能触犯刑法。张某等非法获取计算机信息系统数据案是较为典型的商业数据窃取案，Q公司等精确定位差分系统的地理信息数据具有商业价值，能够为平台企业带来经济利益，在本案中其销售金额为 52 万余元，属于商业数据；被告人张某等采用技术手段，利用编写程序非法获取存储于 Q 公司计算机信息系统中的地理信息数据，被法院认定为构成非法获取计算机信息系统数据罪。

此外，侵犯公民个人信息罪的适用也可以作为商业数据信息化保护的主要途径。如商业数据中包含可以被识别出自然人身份的个人信息，非法提

---

① 浙江省湖州市中级人民法院［2021］浙 05 刑终 87 号刑事裁定书。

供与非法获取此类数据的行为有可能被司法机关以侵犯公民个人信息罪论处。①

以非法获取计算机信息系统数据罪为代表的数据犯罪与侵犯公民个人信息罪之间形成了一般法与特别法的关系，建立了相对严密的数据安全法益刑法保护规范体系。②针对商业数据的犯罪行为可以通过这一数据安全法益的刑法保护规范体系进行规制，从而实现对商业数据的数据信息化保护。

3. 知识产权保护

在知识产权保护路径下，侵犯商业秘密罪与侵犯著作权罪是刑法保护商业数据的主要适用罪名。

就侵犯著作权罪的适用而言，如果商业数据被认定为作品，行为人未经著作权人许可，复制发行、通过信息网络向公众传播该商业数据，或是未经著作权人或者与著作权有关的权利人许可，故意避开或者破坏权利人为该商业数据等采取的保护著作权或者与著作权有关的权利的技术措施的，可能构成侵犯著作权罪。而商业数据被认定为作品需要一定的条件：第一，平台企业通过作者的授权，可就用户生产的相关数据可能构成的文字、美术等作品享有并主张著作权。例如，在上海汉涛信息咨询有限公司诉爱帮聚信（北京）科技有限公司著作权侵权纠纷案③中，法院认定汉涛公司经用户授权，对其经营的大众点评网站中的涉案用户点评内容享有著作权。第二，平台企业对其持有的相关数据所做的选择和编排具有独创性，可主张数据库构成汇编作品。④

就侵犯商业秘密罪的适用而言，如商业数据被认定为商业秘密，行为人以盗窃、贿赂、欺诈、胁迫、电子侵入或者其他不正当手段获取权利人的，或是披露、使用或者允许他人使用以前项手段获取的权利人的商业数据的，或是违

---

① 广东省佛冈县人民法院［2021］粤1821刑初91号刑事判决书。
② 刘一帆,刘双阳,李川．复合法益视野下网络数据的刑法保护问题研究［J］．法律适用,2019(21)：109-117.
③ 北京市海淀区人民法院［2010］海民初字第4253号民事判决书。
④ 张璇,李思颐．平台数据的保护路径：困境、争议与选择——基于利益平衡原则的分析［J］．电子知识产权,2021(11)：73-81.

反保密义务或者违反权利人有关保守商业数据的要求，披露、使用或者允许他人使用其所掌握的商业数据的，或是明知上述行为，获取、披露、使用或者允许他人使用该商业数据的，则有可能构成侵犯商业秘密罪。而商业数据要被认定为商业秘密，同样需要一定的条件。在《刑法修正案（十一）》通过之前，我国在《刑法》中将商业秘密的构成要件确定为价值性、实用性、保密性、秘密性，但在《刑法修正案（十一）》通过后，现行刑法中没有商业秘密定义的相关规定。现依据前置法《反不正当竞争法》第九条，"商业秘密是指不为公众所知悉、具有商业价值并经权利人采取相应保密措施的技术信息、经营信息等商业信息"，商业秘密的构成要件包括价值性、秘密性、保密性。商业数据的价值性与商业秘密的价值性是一致的，所以商业数据要构成商业秘密还需另外具备秘密性与保密性，即商业数据需要保证非公开，不为公众所知悉的属性，并且持有主体需要采取对商业数据采取一定的保密措施防止商业数据被窃取或是泄露。符合商业秘密构成要件的商业数据则可以成为侵犯商业数据罪的保护对象。

平台企业为了提升市场竞争力，往往会花费一定的成本去保障平台企业所持有的重要资源，维护经济领域的数据安全，主要目的是维护平台企业的经营安全。从这一视角出发，位于刑法分则第三章破坏社会主义市场经济秩序罪之下的侵犯著作权罪、侵犯商业秘密罪是保护商业数据从而保障平台企业经营安全的一个较为有力的武器。[①]

三、商业数据刑法保护的待完善之处

从商业数据刑法保护的司法现状来看，实际上我国已经将商业数据纳入刑事保护范围中，对于侵犯商业数据行为可以依据不同的刑法罪名进行规制。然而，商业数据刑法保护的问题在于，商业数据刑法保护思路不统一以及现有刑事法网不完善，导致商业数据保护的强度与密度不足，司法实践中打击涉商业

---

① 时延安．数据安全的刑法保护路径及方案［J］．江海学刊,2022(2):148.

数据犯罪存在漏洞，具体存在以下问题。

1. 回避商业数据财产价值保护

当前我国对数据法益财产化保护力度薄弱，司法实践中不倾向于适用财产犯罪这一类罪名打击涉商业数据犯罪，实际上，这是刑法对商业数据财产价值保护有所"回避"的表现，本书认为原因主要有以下两方面。

一方面，刑法上尚未承认数据财产的概念，故商业数据能否作为财产犯罪的行为对象，理论界与实务界争议颇多。在地方性法规层面，《深圳经济特区数据条例》《上海市数据条例》等地方性法规中确认数据处理者（包括企业平台等商业主体）对于其投入大量人力、物力、财力积累聚集而成的"数据资源整体"以及深度开发与系统整合形成的"数据产品"享有竞争性财产权益。[1] 尽管如此，刑法也一直未明确赋予商业数据作为财物或财产的法律地位。有观点认为，目前《民法典》对于数据只作出了笼统的规定，即"法律对数据的保护有规定的依照其规定"[2]，民法等其他前置法尚未对数据法律性质作出规定，刑法就越过前置法将数据认定为财物性质是不妥的，刑法应当坚守其二次法属性，尽量秉持谦抑立场。[3] 实际上，这一问题与非法获取虚拟财产的定性问题相类似。虽然，虚拟财产与商业数据存在差异，但二者的数据与财产属性一致，对于商业数据能否作为财产犯罪行为对象这一问题，可以参考非法获取虚拟财产的刑法定性。理论界与实务界针对非法获取虚拟财产的定性问题早已有较多讨论，在《最高人民法院、最高人民检察院关于办理盗窃刑事案件适用法律若干问题的解释》（法释〔2013〕8号）起草过程中，就有意见提出应当在司法解释中明确，盗窃游戏币等虚拟财产的应以盗窃罪定罪处罚，但经研究，该意见不妥；有观点指出对于盗窃虚拟财产的行为，可以按照非法获取计算机信息系统数据等危害计算机系

---

① 刘双阳.数据法益的类型化及其刑法保护体系建构［J］.中国刑事法杂志,2022(6):39.

② 《中华人民共和国民法典》第一百二十七条规定:"法律对数据、网络虚拟财产的保护有规定的,依照其规定。"

③ 喻海松.网络犯罪二十讲:第二版［M］.北京:法律出版社,2022:391-394.

统安全犯罪定罪处理。[①] 最终，该司法解释并未明确盗窃虚拟财产的定性问题，时至今日，数据（包括商业数据）能否作为财产犯罪的行为对象仍在争论中。

另一方面，如果认可商业数据的财产价值，将商业数据作为财产犯罪的犯罪对象，在司法实践操作层面则会面临犯罪数额认定困难这一棘手问题。

我国刑法对于犯罪的认定采用"定性+定量"模式，即在界定犯罪概念时既对行为的性质进行考察，又对行为中所包含的"数量"进行评价；是否达到一定的数量，对决定某些行为是否构成犯罪具有重要意义。[②] 其中，犯罪概念的定量因素是我国刑法的创新。我国《刑法》总则第十三条对犯罪概念的但书规定[③]被认为是定量因素的来源，定量因素具体体现在《刑法》总则规定的犯罪的一般概念和《刑法》分则规定的诸多具体犯罪的概念之中。[④] 所以，定量因素在我国的犯罪概念中具有重要地位。在财产犯罪的认定中，定量因素尤为重要，犯罪数额是财产犯罪定罪量刑的主要依据，立法者将"数额较大"作为大部分财产犯罪的入罪标准，而具体的数额标准则一般由司法者制定。[⑤] 以盗窃罪为例，根据2013年《最高人民法院、最高人民检察院关于办理盗窃刑事案件适用法律若干问题的解释》的规定，盗窃公私财物价值达到特

---

① 喻海松. 网络犯罪二十讲:第二版 [M]. 北京:法律出版社,2022:391-394.
② 储槐植,汪永乐. 再论我国刑法中犯罪概念的定量因素 [J]. 法学研究,2000(2):36.
③ 《刑法》第十三条规定:"一切危害国家主权、领土完整和安全,分裂国家、颠覆人民民主专政的政权和推翻社会主义制度,破坏社会秩序和经济秩序,侵犯国有财产或者劳动群众集体所有的财产,侵犯公民私人所有的财产,侵犯公民的人身权利、民主权利和其他权利,以及其他危害社会的行为,依照法律应当受刑罚处罚的,都是犯罪,但是情节显著轻微危害不大的,不认为是犯罪。"
④ 储槐植,汪永乐. 再论我国刑法中犯罪概念的定量因素 [J]. 法学研究,2000(2):34-43.
⑤ 罗翔. 论财产犯罪中对数额的认识错误 [J]. 法律适用,2009(2):70.

定金钱数额，即符合"数额较大"的标准①，从而达到入罪门槛。

如果认可数据具有财产性质，按照侵犯财产类犯罪进行认定相关行为，在定罪定量方面必然绕不开犯罪数额的认定。然而，由于商业数据本身的经济价值呈现出明显的波动性，商业数据与犯罪数额之间要如何建立联系并没有一个权威答案，简言之，目前商业数据的价值认定缺乏统一规则，尚未在国家层面形成统一规范。因此，将非法获取商业数据行为适用侵犯财产类犯罪仍然是一大难题。司法实践为了回避这一难题，对涉商业数据犯罪行为直接适用非法获取计算机信息系统数据罪等危害计算机信息系统犯罪的罪名，不需要认定数据的财物价值，满足获取特定数量数据等情形即达到立案标准②，入罪难题就迎刃而解。

刑法对商业数据财产价值保护持"摇摆不定"的态度可能会导致以下

---

① 《最高人民法院、最高人民检察院关于办理盗窃刑事案件适用法律若干问题的解释》第一条规定："盗窃公私财物价值一千元至三千元以上、三万元至十万元以上、三十万元至五十万元以上的，应当分别认定为刑法第二百六十四条规定的'数额较大''数额巨大''数额特别巨大'。

各省、自治区、直辖市高级人民法院、人民检察院可以根据本地区经济发展状况，并考虑社会治安状况，在前款规定的数额幅度内，确定本地区执行的具体数额标准，报最高人民法院、最高人民检察院批准。

在跨地区运行的公共交通工具上盗窃，盗窃地点无法查证的，盗窃数额是否达到数额较大、数额巨大、数额特别巨大，应当根据受理案件所在地省、自治区、直辖市高级人民法院、人民检察院确定的有关数额标准认定。

盗窃毒品等违禁品，应当按照盗窃罪处理的，根据情节轻重量刑。"

② 《最高人民法院、最高人民检察院关于办理危害计算机信息系统安全刑事案件应用法律若干问题的解释》第一条规定："非法获取计算机信息系统数据或者非法控制计算机信息系统，具有下列情形之一的，应当认定为刑法第二百八十五条第二款规定的'情节严重'：

（一）获取支付结算、证券交易、期货交易等网络金融服务的身份认证信息十组以上的；

（二）获取第（一）项以外的身份认证信息五百组以上的；

（三）非法控制计算机信息系统二十台以上的；

（四）违法所得五千元以上或者造成经济损失一万元以上的；

（五）其他情节严重的情形。

实施前款规定行为，具有下列情形之一的，应当认定为刑法第二百八十五条第二款规定的'情节特别严重'：

（一）数量或者数额达到前款第（一）项至第（四）项规定标准五倍以上的；

（二）其他情节特别严重的情形。

明知是他人非法控制的计算机信息系统，而对该计算机信息系统的控制权加以利用的，依照前两款的规定定罪处罚。"

问题。

一是侵害法益认定不准确。行为人专门针对商业数据的财产价值实施窃取商业数据等违法犯罪行为，行为目的在于"索财"，被侵犯的法益应当是财产法益，将侵犯商业数据行为统一认定为危害计算机信息系统犯罪，则可能忽视了商业数据最核心的商业价值以及区别于其他类型数据的独特社会属性所在[1]，无法妥当地评价侵犯商业数据相关行为的侵害法益与危害性。

二是定罪量刑不科学。以窃取商业数据为例，司法实践考虑可能适用的罪名包括财产犯罪中的盗窃罪和危害计算机信息系统犯罪中的非法获取计算机信息系统数据罪。本书根据 2013 年《最高人民法院、最高人民检察院关于办理盗窃刑事案件适用法律若干问题的解释》第一条规定[2]、《最高人民法院、最高人民检察院〈关于常见犯罪的量刑指导意见（试行）〉》（法发〔2021〕21 号）第十一条规定[3]，以及《最高人民法院、最高人民检察院关于办理危害

---

[1] 刘双阳. 数据法益的类型化及其刑法保护体系建构 [J]. 中国刑事法杂志,2022(6):39.
[2] 《最高人民法院、最高人民检察院关于办理盗窃刑事案件适用法律若干问题的解释》第一条规定:"盗窃公私财物价值一千元至三千元以上、三万元至十万元以上、三十万元至五十万元以上的,应当分别认定为刑法第二百六十四条规定的'数额较大''数额巨大''数额特别巨大'。
　　各省、自治区、直辖市高级人民法院、人民检察院可以根据本地区经济发展状况,并考虑社会治安状况,在前款规定的数额幅度内,确定本地区执行的具体数额标准,报最高人民法院、最高人民检察院批准。
　　在跨地区运行的公共交通工具上盗窃,盗窃地点无法查证的,盗窃数额是否达到数额较大、数额巨大、数额特别巨大,应当根据受理案件所在地省、自治区、直辖市高级人民法院、人民检察院确定的有关数额标准认定。
　　盗窃毒品等违禁品,应当按照盗窃罪处理的,根据情节轻重量刑。"
[3] 最高人民法院、最高人民检察院《关于常见犯罪的量刑指导意见（试行）》:"四、常见犯罪的量刑（十一）盗窃罪
　1. 构成盗窃罪的,根据下列情形在相应的幅度内确定量刑起点:
　（1）达到数额较大起点的,二年内三次盗窃的,入户盗窃的,携带凶器盗窃的,或者扒窃的,在一年以下有期徒刑、拘役幅度内确定量刑起点。
　（2）达到数额巨大起点或者有其他严重情节的,在三年至四年有期徒刑幅度内确定量刑起点。
　（3）达到数额特别巨大起点或者有其他特别严重情节的,在十年至十二年有期徒刑幅度内确定量刑起点。依法应当判处无期徒刑的除外。"

计算机信息系统安全刑事案件应用法律若干问题的解释》第一条规定[①]，制作以下表 3-1 所示盗窃罪、非法获取计算机信息系统数据罪数额标准、量刑对比。

表 3-1 盗窃罪、非法获取计算机信息系统数据罪数额标准、量刑对比			
盗窃罪		**非法获取计算机信息系统数据罪**	
盗窃罪数额标准	盗窃罪量刑	非法获取计算机信息系统数据罪数额标准	非法获取计算机信息系统数据罪量刑
数额较大：一千元至三千元以上	达到数额较大起点的，二年内三次盗窃的，入户盗窃的，携带凶器盗窃的，或者扒窃的，在一年以下有期徒刑、拘役幅度内确定量刑起点	违法所得五千元以上或者造成经济损失一万元以上的	处三年以下有期徒刑或者拘役，并处或者单处罚金
数额巨大：三万元至十万元以上	达到数额巨大起点或者有其他严重情节的，在三年至四年有期徒刑幅度内确定量刑起点	违法所得两万五千元以上或者造成经济损失五万元以上的	处三年以上七年以下有期徒刑，并处罚金
数额特别巨大：三十万元至五十万元以上	达到数额特别巨大起点或者有其他特别严重情节的，在十年至十二年有期徒刑幅度内确定量刑起点。依法应当判处无期徒刑的除外	—	—

① 《最高人民法院、最高人民检察院关于办理危害计算机信息系统安全刑事案件应用法律若干问题的解释》第一条："非法获取计算机信息系统数据或者非法控制计算机信息系统，具有下列情形之一的，应当认定为刑法第二百八十五条第二款规定的'情节严重'：
（一）获取支付结算、证券交易、期货交易等网络金融服务的身份认证信息十组以上的；
（二）获取第（一）项以外的身份认证信息五百组以上的；
（三）非法控制计算机信息系统二十台以上的；
（四）违法所得五千元以上或者造成经济损失一万元以上的；
（五）其他情节严重的情形。
实施前款规定行为，具有下列情形之一的，应当认定为刑法第二百八十五条第二款规定的'情节特别严重'：
（一）数量或者数额达到前款第（一）项至第（四）项规定标准五倍以上的；
（二）其他情节特别严重的情形。
明知是他人非法控制的计算机信息系统，而对该计算机信息系统的控制权加以利用的，依照前两款的规定定罪处罚。"

由表 3-1 可见，盗窃罪有三档法定刑，非法获取计算机信息系统数据罪只有两档法定刑。在盗窃罪数额较大的标准中，涉案行为不一定能达到非法获取计算机信息系统数据罪的立案标准，适用盗窃罪则可以定罪量刑，在盗窃罪数额巨大的标准中，盗窃罪相对非法获取计算机信息系统数据罪的量刑更轻，但是，当达到了盗窃罪数额巨大的标准，此时盗窃罪刑罚变得更重，可以达到十年至十二年有期徒刑，乃至无期徒刑，非法获取计算机信息系统数据罪最高却只能判处七年有期徒刑。在特定数额标准下，适用盗窃罪与非法获取计算机信息系统数据罪的定罪量刑有较大差异。在窃取商业数据的场景下，由于司法实践不倾向于适用财产犯罪罪名，可能会导致当非法窃取商业数据犯罪数额特别巨大，应当适用盗窃罪定罪处以十年至十二年有期徒刑时，司法实践却可能只会适用非法获取计算机信息系统数据罪，处以三年以上七年以下有期徒刑，造成罪责刑不相适应的情况，刑罚的一般预防与特殊预防功能可能被弱化。

例如，在谷某非法获取计算机信息系统数据罪案[①]中，谷某曾任某公司研发部主管，因研发工作需要被授权用户名和密码进入公司数据库的计算机系统后台，谷某没有按照公司规定在使用后即删除用户名和密码，故意存储在电脑中，之后谷某通过之前工作期间获取的用户名和密码先后多次登录计算机系统后台，再通过专用软件从该数据库导出 1700 余份数据（占该公司全部数据的80%，该公司每年销售数据利润 2 亿余元）及 WDP 平台（一种自动化办公系统平台）的全部配置文件，并通过电子邮件传输、存储至家中电脑内。2012年 2 月 6 日，江苏省南京市建邺区人民法院以非法获取计算机信息系统数据罪判处谷某有期徒刑 6 个月，缓刑 1 年。在该案中，通过第三方评估，谷某获取的数据价值 1 亿余元，数额相当高。在认可数据财物性质的前提下，本案谷某窃取数据的行为完全符合盗窃罪的构成要件，如果按照盗窃罪定罪量刑，1 亿余元的数额已经达到了数额特别巨大的标准，应在十年至十二年有期徒刑幅度内确定量刑起点，但法院以被告人获取的数据价值 1 亿余元为依据认定被告人

---

① 李勇. 非法获取计算机信息系统数据罪认定中的两个难题 [J]. 中国检察官, 2012(8):56.

行为具有"其他严重情节",最终以非法获取计算机信息系统数据罪判处谷某有期徒刑6个月,缓刑1年。可以发现,两个罪名的量刑差距巨大,基于谷某犯罪数额特别巨大,最终以非法获取计算机信息系统数据罪判处轻刑,是定罪量刑欠缺科学性、公平性的表现。

实际上,司法实践回避适用财产犯罪打击涉商业数据犯罪,而直接适用危害计算机信息系统犯罪等其他罪名的做法是简单化、"一刀切"的解决方式,虽然可以使得犯罪行为得到一定的打击,但是并非精准有效,如前文所述,这种做法可能导致财产法益的保护与量刑的科学合理性无法得到确切保障,给司法实践带来侵害法益评价与定罪量刑方面的各种误解与混淆。

2. 犯罪对象保护缺位

尽管我国针对数据已经建立起了刑事法网,但由于刑法对数据相关犯罪的犯罪对象规定较为狭窄,目前商业数据并不能得到刑法的周延保护。

首先,就知识产权保护路径而言,侵犯商业数据行为适用侵犯商业秘密罪与侵犯著作权罪的门槛较高,商业数据必须构成作品或是构成商业秘密才可入罪。但并不是所有的商业数据都具备秘密性、保密性或是独创性,不一定符合商业秘密或是作品的法定条件,因此,按照侵犯商业秘密罪或侵犯著作权罪定罪量刑面临诸多困难,知识产权保护路径不能周延保护所有的商业数据。

其次,适用数据信息化保护路径也不能涵盖所有类型的商业数据。就侵犯公民个人信息罪而言,只有当商业数据同时构成可以被识别出特定自然人身份的个人信息时,才有可能适用侵犯公民个人信息罪。例如,用户为登录平台向平台提供的大量姓名、身份证号码、住址等个人信息数据,在尚未脱敏处理的情况下,该等数据既属于商业数据也属于个人信息,可以成为侵犯公民个人信息罪的保护对象。如商业数据无法被认定为个人信息,数据信息化路径下还可以适用的主要罪名为非法获取计算机信息系统数据罪与破坏计算机信息系统罪,但这两个罪名的保护范围是否能覆盖商业数据仍然存疑,根据《最高人民法院、最高人民检察院关于危害计算机信息系统安全刑事案件应用法律若干问题的解释》的相关规定①，计算机信息数据认定范围相当狭窄，仅包括支付结算、证券交易、期货交易等网络金融服务的身份认证信息及其他的计算机系统身份认证信息，而身份认证信息是指用于确认用户在计算机信息系统上操作权限的数据，包括账号、口令、密码、数字证书等。然而，商业数据并不限于身份认证信息，商业数据包括各行各业中不同类型的可能具有商业价值、能够带来经济利益的数据，例如网络购物中大量用户购物偏好数据的集合，又如大量快递物流信息的数据集合，这些数据并不一定都会关联身份认证，所以商业数据不一定能被纳入非法获取计算机信息系统数据罪与破坏计算机信息系统罪的保护中。从目前大数据产业发展的客观现实来看，司法解释对计算机信息系统数据的解释思路显然大大落后于大数据时代对商业数据的保护要求。②

最后，司法实践并不完全认可数据财产化保护路径，故商业数据是否能成为财产犯罪的保护对象仍处于实务界的模糊地带。

因此，目前司法实践中，商业数据的刑法保护在犯罪对象方面是有所缺位的。

---

① 《最高人民法院、最高人民检察院关于办理危害计算机信息系统安全刑事案件应用法律若干问题的解释》第一条："非法获取计算机信息系统数据或者非法控制计算机信息系统，具有下列情形之一的，应当认定为刑法第二百八十五条第二款规定的'情节严重'：

（一）获取支付结算、证券交易、期货交易等网络金融服务的身份认证信息十组以上的；

（二）获取第（一）项以外的身份认证信息五百组以上的；

（三）非法控制计算机信息系统二十台以上的；

（四）违法所得五千元以上或者造成经济损失一万元以上的；

（五）其他情节严重的情形。

实施前款规定行为，具有下列情形之一的，应当认定为刑法第二百八十五条第二款规定的'情节特别严重'：

（一）数量或者数额达到前款第（一）项至第（四）项规定标准五倍以上的；

（二）其他情节特别严重的情形。

第十一条规定：本解释所称'计算机信息系统'和'计算机系统'，是指具备自动处理数据功能的系统，包括计算机、网络设备、通信设备、自动化控制设备等。

本解释所称'身份认证信息'，是指用于确认用户在计算机信息系统上操作权限的数据，包括账号、口令、密码、数字证书等。"

② 唐稷尧．大数据时代中国刑法对企业数据权的保护与规制论纲［J］．山东警察学院学报，2019（3）：33.

3. 犯罪手段范围狭窄

从犯罪手段上看，目前刑法有关数据保护的罪名大致涉及三大类型：一是非法获取、持有类，主要包括窃取与截取、购买与收受、交换或者其他非法方法；二是破坏类，主要包括篡改、删除、增加、干扰等方法；三是（广义的）不法使用类，主要包括出售、向他人提供、通过网络或其他途径发布、泄露等方式。①

就商业数据的刑法保护而言，犯罪手段的相关规定相对而言更为狭窄，可能的犯罪手段具体包括：一是通过计算机信息系统窃取，即非法获取计算机信息系统数据罪中规定的侵入计算机信息系统获取数据的行为方式；二是破坏计算机信息系统，即破坏计算机信息系统罪中的对计算机信息系统中的数据进行删除、修改、增加的行为方式；三是向他人非法提供或是非法获取商业数据，当且仅当商业数据同时构成侵犯公民个人信息罪中的"个人信息"要素；四是未经许可复制发行、通过信息网络向公众传播商业数据，或是故意避开或破坏相关技术措施，当且仅当商业数据被认定为侵犯著作权罪中的"作品"；五是泄露或是不当获取商业数据，当且仅当该商业数据被认定为侵犯商业秘密罪中的"商业秘密"。

所以，当商业数据无法被认定为个人信息、作品以及商业秘密时，《刑法》规定的涉及商业数据的作案手段仅涉及通过计算机信息系统的窃取和部分破坏行为，这可能导致如下情况：第一，如果行为人通过非计算机信息系统操作方式窃取、破坏商业数据的，无法被刑法所规制。例如，行为人以暴力相威胁，让被害人向其提供商业数据（无法被认定为个人信息、作品以及商业秘密的），并占有该商业数据的，司法实践如不认可商业数据财产价值，对于此类行为难以定罪量刑，因为该行为并没有非法侵入计算机信息系统，也没有破坏计算机信息系统，无法适用数据信息化保护路径，可能导致侵犯商业数据

---

① 唐稷尧.大数据时代中国刑法对企业数据权的保护与规制论纲［J］.山东警察学院学报,2019（3）:33.

相关行为的打击漏洞的存在。由此可见，刑法对于商业数据的犯罪手段规定相对粗疏，无法覆盖至商业数据流转的各个环节。第二，非法提供商业数据行为无法被有效规制。基于商业数据的高商业价值，其很可能成为被非法出售、提供从而牟利的对象。司法实践中，大部分案件中非法获取数据行为与非法提供数据行为是合并实施的，在当前刑法体系下以非法获取计算机信息系统数据罪定罪处罚。然而，仍存在行为人既未侵入计算机信息系统也未采用其他技术手段获取商业数据，但非法提供商业数据的可能性，此类行为如无罪名规制，则可能存在法益保护的缺位。

我国目前的刑法体系难以应对层出不穷的涉商业数据犯罪手段，并且，随着未来数字技术的发展，涉商业数据犯罪手段有可能会进一步升级，故现行《刑法》关于商业数据犯罪手段的规制仍有待加强。

第三节 商业数据刑法保护的未来路径选择

一、构建商业数据的多元保护格局

在数据多元的数字时代背景下，商业数据的刑法保护应当立足于刑法法益展开，具体根据被侵犯的法益定位适用的保护路径，从而确定具体适用罪名，构建起商业数据的多元保护格局，形成以财产化保护路径为基础、数据信息化保护与知识产权保护路径为补充的商业数据多元刑法保护模式。

1. 巩固财产化保护模式

商业数据的财产属性、财产价值客观存在，财产化保护无可厚非，商业数据财产化保护的理论与实践难题并非无解，重视商业数据财产化保护思路、巩固商业数据财产化保护模式是必然趋势，商业数据的刑法保护应当以财产化保护为基础。

（1）商业数据刑法财产属性的重释。

如前文所述，商业数据具备价值性、管理可能性与转移可能性的刑法财产特征，将商业数据视为财产没有超出国民预测可能性的范围。数字经济时代，互联网发展日新月异，商业数据已深刻融入了我们的生活，商业数据虽然无形，但通过商业数据可以创造出惊人的财富是客观存在的事实，商业数据的财产价值是社会公众所共同认可的。并且，2022 年中国共产党中央委员会、国务院发布的《数据二十条》提出，要建立健全基于法律规定或合同约定流转数据相关财产性权益的机制，体现出对数据财产权益的保护态度。2023 年 8 月 1 日，财政部发布的《企业数据资源相关会计处理暂行规定》将数据资源确认为企业资产负债表中"资产"一项，这意味着我国监管机关承认了数据资源是可以为企业经营生产带来实际性收益的经济资产，充分认可其财产价值。上述规定内容表明，在市场需求的推动下，我国政策高度重视数据要素的利用，强调数据财产价值的发挥，商业数据财产化保护已具备实践与政策基础，符合我国的基本国情。刑法中"财物"的内涵绝非一成不变，而是随着时代的发展不断调整，工业时代的财物主要是机器生产的有体物，电气时代的电力等无体物逐渐被法律承认①，而到了大数据时代，将能够带来巨大财产价值的商业数据解释为刑法中的"财物"是契合时代发展趋势的，这一扩张解释并没有超出刑法的应有文义范围，完全符合国民的预测可能性，因此商业数据应当被视为财产犯罪的保护对象。

此外，关于前置法没有确认数据财产化保护的问题，本书认为，目前，民法等前置法尚未对数据的法律属性进行明晰的一大原因在于数据权属还未确定，或者说，如何确权还未形成共识。虽然在民法等私法领域，数据所有权确权对于数据相关民事行为的认定尤为重要，但在刑法中所有权的确权对于财产犯罪的认定其实并不是关键要素，刑法财产犯罪认定的重点是占有，而非所有；换言之，财产犯罪的保护法益是他人对财物的事实上的支配状态，而非所有权。例如行为人窃取质押给他人的本人所有的物品，也可能构成盗窃

---

① 赵拥军.论财产犯罪中数据资产的占有及转移［J］.东方法学,2023(3):165.

罪。① 因此，并不需要民法等前置法对数据（包括商业数据）完全明确权属规则，刑法才能紧跟其后付诸行动，在刑法上，只要行为主体对商业数据具有事实上的支配关系，其就占有了该商业数据，占有状态的变化就可以支撑财产犯罪的认定。况且，不同法律的规范目的有所不同，刑法作为公法，更侧重于对财产秩序的维护，对于相同概念作出与其他部门法不完全相同的理解与判断，并不代表对法秩序统一原理的违背②；且刑法具有独立性，不一定要完全依附前置法才能作出刑法判断，例如，我国民法不保护违禁品，但我国刑法实际认可将毒品一类的违禁品纳入财物范围，作为财产犯罪的犯罪对象。因此，前置法尚未确认数据财产属性以及数据财产权属并不是商业数据财产化刑法保护不可逾越的障碍。刑法对于商业数据的财产属性，应当采取的是正视与规范的态度，而非无视与否定。

（2）商业数据财产价值的认定机制设计。

司法环节的标准不确定不应当影响犯罪定性问题，即不能因为在司法实际操作层面没有统一规范标准而导致商业数据的财产价值无法被准确评估确定，就否认涉商业数据犯罪行为侵犯财产法益的行为性质。以窃取商业数据行为为例，如果窃取商业数据行为满足盗窃罪的构成要件，那么该行为应当被定性为盗窃罪，这也是罪刑法定原则的基本要求。

当然，数据的价值评估，即犯罪数额的认定问题是巩固商业数据财产化保护模式所必须解决的司法实践实际操作难题。实际上，数据的价值评估也并非难以跨越的技术"鸿沟"。根据国家发展和改革委员会价格认证中心2020年发布的《被盗财物价格认定规则》第十五条，被盗财物价格认定一般按照市场价值标准，商业数据作为财物，在财产犯罪的犯罪数额认定中一般也应当以商业数据的市场价值为准，但问题的关键在于商业数据的市场价值的认定依据。2013年《最高人民法院、最高人民检察院关于办理盗窃刑事案件适用法

---

① 广东省珠海市中级人民法院［2015］珠香法刑初字第3099号刑事判决书。
② 周光权. 财产犯罪：刑法对民法的从属与变通［J］. 中国法律评论,2023(4):49.

律若干问题的解释》第四条规定根据财物性质、类型与数额确认情况对盗窃财物的数额认定依据作了不同规定①，本书认为，参照该规定，商业数据也可以区分情况确定市场价值认定依据。

首先，对于有市场定价的商业数据，基于商业数据的财产属性与可交易转移的性质，商业数据所对应的财产价值数额可以通过其市场交易价格的有效价格证明来确定。例如，商业主体所标注的该商业数据的出售价格、商业主体对该商业数据的交易价格均为可参考的有效价格证明。此类商业数据的合法获取渠道只有购买渠道，有明确的市场价格标注，其价值在特定时间段内相对稳定，不会轻易发生变化，故以市场交易价格作为此类商业数据的价值认定依据是较为合理的。

其次，对于无市场定价且尚未灭失的商业数据，参照 2013 年《最高人民法院、最高人民检察院关于办理盗窃刑事案件适用法律若干问题的解释》第四条第一款第一项，无有效价格证明的，可通过有关估价机构估价确定。从价值评估方法来看，根据中国资产评估协会发布的《数据资产评估指导意见》《资产评估专家指引第 9 号——数据资产评估》，对数据资产的价值评估方法一般有三种，即成本法、收益法、市场法。成本法是根据形成数据资产的成本

---

① 《最高人民法院、最高人民检察院关于办理盗窃刑事案件适用法律若干问题的解释》第四条规定："盗窃的数额，按照下列方法认定：（一）被盗财物有有效价格证明的，根据有效价格证明认定；无有效价格证明，或者根据价格证明认定盗窃数额明显不合理的，应当按照有关规定委托估价机构估价；（二）盗窃外币的，按照盗窃时中国外汇交易中心或者中国人民银行授权机构公布的人民币对该货币的中间价折合成人民币计算；中国外汇交易中心或者中国人民银行授权机构未公布汇率中间价的外币，按照盗窃时境内银行人民币对该货币的中间价折算成人民币，或者该货币在境内银行、国际外汇市场对美元汇率，与人民币对美元汇率中间价进行套算；（三）盗窃电力、燃气、自来水等财物，盗窃数量能够查实的，按照查实的数量计算盗窃数额；盗窃数量无法查实的，以盗窃前六个月月均正常用量减去盗窃后计量仪表显示的月均用量推算盗窃数额；盗窃前正常使用不足六个月的，按照正常使用期间的月均用量减去盗窃后计量仪表显示的月均用量推算盗窃数额；（四）明知是盗接他人通信线路、复制他人电信码号的电信设备、设施而使用的，按照合法用户为其支付的费用认定盗窃数额；无法直接确认的，以合法用户的电信设备、设施被盗接、复制后的月缴费额减去被盗接、复制前六个月的月均电话费推算盗窃数额；合法用户使用电信设备、设施不足六个月的，按照实际使用的月均电话费推算盗窃数额；（五）盗接他人通信线路、复制他人电信码号出售的，按照销赃数额认定盗窃数额。盗窃行为给失主造成的损失大于盗窃数额的，损失数额可以作为量刑情节考虑。"

进行评估的方法；收益法是通过预计数据资产带来的收益估计其价值的方法；市场法是根据相同或者相似的数据资产的近期或者往期的成交价格，通过对比分析，评估数据资产价值的方法。由于财产犯罪的犯罪数额认定一般以市场价值为依据，笔者认为商业数据的价值评估方法采用市场法更为合适，具体可根据相似的商业数据资产的价值进行分析比对，反映出被评估商业数据资产的价值。从价值评价指标来看，对此类商业数据的价格评估可结合商业数据的具体构成、内容与处理阶段，参照现行国家标准《电子商务数据资产评价指标体系》（GB/T 37550-2019）中关于数据资产标的价值的评价指标展开。该标准中的"数据资产"指的是以数据为载体和表现形式，能够持续发挥作用并且带来经济利益的数字化资源，这与商业数据的定义基本吻合，因此商业数据的价值评价指标可参照该标准的规定，从建设成本、运维成本、管理成本、数据形式、数据内容、数据绩效的维度展开评估。具体评价指标如图 3-2所示。

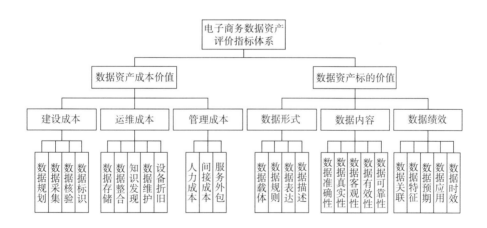

图 3-2　电子商务数据资产评价指标体系结构

最后，对于无有市场定价且已灭失的商业数据，可以查证属实的销赃数额（非法获利数额）作为商业数据财产价值的认定依据。一般而言，财物的销赃数额会比财物的实际价值低，因为如果财物没有合法来源凭证，存在权利缺陷，或是财物没有良好的包装，在简陋、低端的环境销售，其出售价格便会大打折扣。但是商业数据并非有体物，商业数据被窃取后出售并不会出现价值大幅度贬损的情况。此外，参照 2013 年《最高人民法院、最高人民检察院关于办理盗窃刑事案件适用法律若干问题的解释》第四条第一款第五项的规定，销赃数额也可以作为财物或是财产利益的价值认定依据。并且，司法实践也已认可如果赃物已经灭失无法确定被盗财物价格的，可以将销赃数额认定为盗窃犯罪数额。① 因此，对于商业数据的价值认定，在缺失有效的市场定价证明且数据灭失无法估计明确价值时，可以通过行为人的非法获利数额确定商业数据的财产价值。

综上所述，根据商业数据的状态与定价情况，商业数据的财物价值认定依据的确定先后分为三个顺位，首先，对于有市场定价的商业数据，价值认定依据为市场价格的有效证明，这是最为直接与稳定的认定依据；其次，对于无市场定价且未灭失的商业数据，可结合商业数据的构成、内容、处理阶段与类似产品的交易情况等因素，参考现行规范所规定的市场评估价值方法与价值评价指标认定数据价值；最后，对于无市场定价且已灭失的商业数据，价值认定依据是销赃数额。按照这一商业数据财产价值的认定机制，可合理解决司法实践中商业数据相关财产犯罪的犯罪数额认定困难的问题。

（3）商业数据财产化保护模式的基础地位。

在排除商业数据财产化保护模式的理论与实践障碍后，应当明确的是，基于法益位阶性原理，商业数据的财产化刑法保护应当在商业数据多元化保护格局中发挥基础作用。基于法益位阶性原理，刑法保护的基本法益形态包括权利（人身权利和财产权利）、安全（国家安全和公共安全）和秩序（经济秩序和社会秩序），而这三种基本法益之间相互关联，又存在一定的位阶关系，形成

---

① 张磊. 赃物灭失无法确定价格销赃数额可认定为盗窃数额［J］. 人民司法·案例, 2013（10）: 15.

一种价值梯度关系；其中权利是基础，处于优先保护的地位，秩序和安全是权利行使的社会环境，对于权利实现具有保障性的作用。① 法益位阶性的思路对于商业数据财产化保护路径的展开具有指导意义。商业数据有财产价值、财物属性，刑法首先要对商业数据中蕴含的财产权利进行保护，之后才谈得上对秩序与安全的保护，所以数据信息化保护路径与知识产权保护路径应当作为财产化保护路径的补充。

2. 保留数据信息化保护路径与知识产权保护路径

数据信息化保护与知识产权保护的保护路径应保留。财产化保护路径与数据信息化保护路径、知识产权保护路径的分工不同，三种保护路径并非对立关系。财产化保护路径保护的是财产法益，数据信息化保护路径保护的是计算机信息系统相关的数据安全法益与个人信息安全法益，知识产权保护路径保护的是知识产权相关法益。商业数据多元保护格局的构建除了巩固财产化保护模式，还需要数据信息化保护路径与知识产权保护路径的配合与补充。

当前，我国正处于互联网 2.0 时代迈向互联网 3.0 时代的重要阶段，网络代际更迭的连锁反应难以准确预测。在网络代际更迭的过渡阶段，新型财产形式及新型财产保护方式可能会进入刑法视野，此时，刑法应当尽量避免商业数据相关保护路径的单一化，选择复合型多元保护格局，全面保护商业数据相关法益。② 并且，在商业数据多元保护格局下，当其中财产化保护路径无法适用时，另外两种保护路径还可以发挥兜底保护作用。例如，当特定商业数据集合符合商业秘密的构成要件，泄露该商业数据行为可能无法适用数据信息化保护路径与财产化保护路径时，知识产权保护路径还可以发挥效用，适用知识产权保护路径下的侵犯商业秘密罪可以规制此类行为，为商业数据提供周延的刑法保护。

对于平台企业而言，如果希望进一步加强对商业数据的刑法保护，可以结

---

① 陈兴良. 虚拟财产的刑法属性及其保护路径 [J]. 中国法学,2017(2):158.

② 孙道萃. 大数据法益刑法保护的检视与展望 [J]. 中南大学学报(社会科学版),2017(3):62.

合数据信息化保护路径与知识产权保护路径下的主要罪名的入罪标准，调整自身的商业策略与数据保护措施。例如，数据信息化保护路径下的非法获取计算机信息系统数据罪的构成，在行为层面上必须有"侵入"行为或是"采用其他技术手段"的行为；其中，"侵入"的核心内涵在于"未经授权或是超越授权"，也就是说，"侵入"的判断重点集中于访问权限上。与此相应，企业为了保护所持有的商业数据安全，应当设定对商业数据的技术保护措施，通过明确技术措施来表达"授权"范围，无误传达数据网站允许抓取的数据范围。企业采用技术保护措施对商业数据进行保护，比企业基于自身利益需求与价值偏好通过授权协议设置相对主观的数据访问授权规则更具有客观性、明确性，这有助于避免刑事法网覆盖至一般的网络不正当竞争行为。同时，在刑事层面，企业对采取数据技术保护措施之有无往往会成为法官判断是否存在"侵入"或是"采用其他技术手段"避开或者突破技术保护措施的客观违法性的重要因素，这也是非法获取计算机信息系统数据罪成立的重要判断基点。[1] 同样地，知识产权保护路径下的侵犯商业秘密罪的成立，也要求犯罪对象被采取一定保护措施，但是这种保护措施与前述技术保护措施有所不同，对构成商业秘密的商业数据的保护措施强调的是保密性，即重点在于防止商业数据被窃取或是被披露。所以，企业如不设置明确的数据保护措施或是数据保密措施，一方面企业容易有数据安全风险，另一方面发生非法获取数据等犯罪行为时，法官无法清晰地判断数据的访问权限或是数据的法律属性，进而难以对涉案行为定罪量刑，此类危害数据安全行为可能无法受到刑事打击。因此，企业应当明确相关法律规定与法律风险，可以根据企业自身发展情况对所持有的商业数据分级分层设置保护措施；例如，对于企业所持有的核心敏感保密商业数据，可以按照商业秘密的标准设置保密措施，对于重要商业数据，可以设置数据的技术访问权限。

---

[1] 杨志琼．数字经济时代我国数据犯罪刑法规制的挑战与应对［J］．中国法学，2023（1）：126.

3. 犯罪竞合问题的解决：想象竞合，择一重处

在确认商业数据财产化保护、数据信息化保护、知识产权保护路径兼容共存的前提下，构建商业数据刑法保护多元格局的关键在于犯罪竞合问题，即最终的定罪量刑如何确定。

涉商业数据犯罪行为常常是一行为触犯数法益，构成想象竞合，应当择一重处。首先，在法益的同一性方面，财产保护路径、数据信息化保护路径与知识产权保护路径分别适用的是不同的罪名，包括盗窃罪、诈骗罪等财产犯罪，非法获取计算机信息系统数据罪、破坏计算机信息系统罪等危害计算机信息系统犯罪，侵犯公民个人信息罪，以及侵犯商业秘密罪与侵犯知识产权罪这两大侵犯知识产权类罪名。上述罪名分置于不同的刑法分则章节，保护法益有所不同，涉商业数据犯罪行为可能触犯的法益包括财产法益、计算机信息系统相关数据安全法益、个人信息安全法益与知识产权相关法益。其次，在不法的包容性方面，在商业数据刑法保护多元格局下，三种保护路径下的任一涉商业数据犯罪罪名无法全面评价涉商业数据犯罪行为所侵害的法益。再次，上述三种保护路径下的涉商业数据犯罪罪名是基于特定的行为事实产生竞合关系，它们的构成要件之间不存在逻辑上的交叉或重合。最后，商业数据刑法保护统一适用想象竞合犯从一重处原则，有利于充分评价涉商业数据行为的刑事不法内容的同时，实现罪责刑相适应，避免商业数据多元刑法保护格局下定罪量刑混乱、司法裁量不统一的情况。①

二、扩充商业数据的刑法保护范围

基于当前商业数据刑法保护在保护对象与犯罪手段规制方面的有待完善之处，刑法应当扩充商业数据的保护对象以及惩处方式，在刑法尚未修改的情况下可以通过解释扩充保护范围。当然，基于罪刑法定原则，刑法解释必然不能逾越法条的明文规定。所以，未来还可以通过刑法修订的方式进一步强化商业

---

① 欧阳本祺，曹莉．非法获取他人 APP 数据的刑法定性［J］．人民检察，2018（7）：40.

数据的刑法保护。

1. 通过解释扩充保护范围

一方面，针对商业数据财产化保护路径，应当将商业数据解释为刑法中的"财物"，从而强化商业数据财产化保护。将商业数据视为财产没有超出国民预测可能性范围。数字经济时代，互联网发展日新月异，商业数据已深刻融入了我们的生活，商业数据虽然无形，但通过商业数据可以创造惊人的财富是客观存在的事实，商业数据的商业价值是社会公众所共同认可的，将商业数据解释为刑法中的"财物"，并没有超出刑法的应有文义范围，在数字经济时代，这完全符合国民的预测可能性，商业数据应当被视为财产犯罪的保护对象。只有如此，财产犯罪中的规定才能适用于涉商业数据犯罪，从而进一步扩大商业数据的刑法保护范围。

另一方面，针对商业数据的数据信息化保护路径，应当对非法获取计算机信息系统数据罪中的"数据"作扩大解释。商业数据的数据信息化保护路径中可适用的罪名罪状中明确包含"数据"的，即非法获取计算机信息系统数据罪与破坏计算机信息系统罪，应对该二罪中的"数据"作扩大解释。参照《网络安全法》第七十六条："网络数据，是指通过网络收集、存储、传输、处理和产生的各种电子数据"，计算机信息系统数据应该是指在计算机信息系统内收集、存储、传输、处理和产生的电子数据，而不能仅限于身份认证信息数据，否则将大大限缩刑法对数据相关犯罪的打击范围。当然，上述二罪中的"数据"也不应被解释为"无所不包"，因为并不是所有数据都需要刑法予以保护，虚假数据、超过使用时效的数据以及规模较小的数据无须纳入保护范畴，虚假数据涉嫌违法，本身就不值得刑法保护，而超过使用时效与规模较小的数据价值较小，也不值得动用刑法保护。①

2. 通过立法扩充保护范围

对于不能通过解释所解决的商业数据刑法保护漏洞，有必要考虑未来增设

① 刘宪权. 数据犯罪刑法规制完善研究［J］. 中国刑事法杂志,2022(5):30.

新罪，加强商业数据的刑法保护，特别是对于无法通过个人信息、知识产权相关罪名进行保护的一般商业数据的保护。

笔者认为，商业数据刑法保护的立法完善可以从商业数据的处理环节着手，对于发生在数据传输、数据提供环节的侵害数据保密性的行为，考虑在《刑法》第二百八十五条非法获取计算机信息系统数据、非法控制计算机信息系统罪之后增设新罪：非法提供数据罪，其中"数据"应当与前述非法获取计算机信息系统数据罪中的"数据"内涵保持一致，商业数据当然被涵盖其中。增设的新罪有助于扩大泄露商业数据行为的刑事处罚范围，从而规制行为人未经商业数据权利主体同意，向他人出售、提供或擅自公开商业数据等行为，完善涉商业数据犯罪刑事打击链条。

在数字经济时代，数据的"生命"在于流通，刑法对涉商业数据犯罪的规制重点也应当置于数据流转的重要节点，即获取环节与提供环节，具体立法模式可参照侵犯个人信息罪。侵犯公民个人信息罪就是对个人信息的非法获取与非法提供行为进行了规制，对获取行为与提供行为进行刑法规制，能够基本覆盖商业数据的流转过程。依据现行《刑法》，对于一般商业数据（难以认定为个人信息、商业秘密、作品的商业数据），非法获取商业数据的行为可以通过非法获取计算机信息系统数据罪规制，在承认商业数据财产法律属性的前提下，还可以适用盗窃罪。所以刑事法网是完全可以触及商业数据的获取环节的，然而在商业数据处理中的提供环节，并无罪名可以精准适用，所以应当增设非法提供数据罪，规制商业数据的非法提供行为，包括非法出售、泄露商业数据等行为内容。

在商业数据保护领域，刑法仍需保持谦抑性，不能持全面打击态度。例如，商业数据"全生命周期"中，在数据存储、销毁环节，并非所有发生在该环节的违反约定等不当行为都应当被纳入刑法的规制范围，例如未按约定形式或存储要求存储数据或未采用约定的形式进行数据销毁操作等行为，这些行为并未对数据的保密性造成侵害，因此不具备值得科处刑罚的社会危害性①；又例如，在数据使用环节，非法使用数据通常是行为人对数据进行侵害的最终目的，如果行为人以一般数据为工具实施犯罪活动，完全可以根据行为人具体实施的犯罪行为进行定罪处罚。② 所以，刑法只要能够堵住数据的获取端与提供端，就可以为商业数据提供较为严密的保护。

综上所述，未来立法可以考虑增设非法提供数据罪，从而为商业数据的获取环节与提供环节提供全面刑法保护，保障刑事法网对商业数据流转生命周期的基本覆盖。

第四节　小结

大数据技术背景下，作为重要生产要素之一的数据在商业实践中已成为交易对象和企业获取竞争优势的资源，商业数据的利用在数字经济中非常频繁，数据从个体流向平台的过程为市场参与者创新数字经济商业模式提供了可能，同时人工智能技术的发展与辅助更赋予了数据利用前所未有的价值内涵。商业数据在事实层面日益增长的重要性不断吸引着包括刑法在内的法律规范体系的目光。

商业数据能否被认定为刑法上的"财物"关系着商业数据刑法保护的格局构建与未来发展，随着数字技术的升级，商业数据的财物属性将会大大加强。未来，商业数据的刑法保护应当将商业数据的财产价值作为底层价值理念，构建以财产化保护路径为基础、数据信息化保护路径与知识产权保护路径为补充的商业数据多元保护格局，扩大商业数据刑法保护范围，推动商业数据价值释放市场化、规模化、社会化进程，促进我国数据要素市场快速发展。

---

① 刘宪权，石雄．网络数据犯罪刑法规制体系的构建［J］．法治研究，2021(6)：53.
② 刘宪权．数据犯罪刑法规制完善研究［J］．中国刑事法杂志，2022(5)：31.

第四章

从国内法治到域外法治

——跨境数据流动视角下的数据刑法保护的比较考察

在全球化和大数据时代中，个人信息跨境流动的法律约束已成为众多国家的关注焦点。这种现象既涉及国内法的规定，也受到国际法的制约，其中心问题在于如何平衡数据的主权权益与其自由流通的需求。观察欧美两大经济体，它们在这一议题上采取了截然不同的策略。欧盟倾向于建立严格的法律体系、司法机制和执法过程，同时通过白名单之类的方法增加其法律的灵活性。而美国则更偏向于鼓励行业内部的自我管理，同时确保对违法行为的追责，这种方式也利用了美国在技术上的领先优势，帮助其信息技术公司在国际市场中持续发展。

随着数字经济的发展和我国实现数字治理的需求增强，以平和心态检视境外主要法域的数据治理范式，并在此基础上构建出中国特色社会主义法治体系的跨境数据刑事治理路径已经成为刻不容缓的议题。本书第二章和第三章已经回顾了我国现行刑法的数据保护机制以及新时代下商业数据的保护问题。本章将从跨境数据流动的视角出发，通过比较并考察各国的数据刑法保护模式，从而尝试为我国数据刑法保护提供域外法治的有益实践经验。

第一节　世界主要法域数据刑法保护的现状

一、美国数据刑事立法司法现状

1. 美国数据刑事立法的进程

美国对于数据的立法思路与模式根据时间顺序可以分为三个阶段，第一个阶段是以保护个人隐私为核心的 1.0 时代,第二个阶段是"9·11 事件"过后的以美国联邦安全为核心的 2.0 时代,第三个阶段是"棱镜门事件"过后的以数据跨境流动和数据国家主权为核心的 3.0 时代。划分依据为美国在不同时期对于数据保护的权重,同时以近年来对美国具有国际影响的代表性事件作为不同时代的分割节点。划分节点并不意味着以某个时间点为界限,美国的立法行为与模式会立即发生转变,需要注意的是,任何立法思路与模式的转变都是一个循序渐进的过程。在美国数据立法的 1.0 时代,美国立法层面更多的是将数据看作个人隐私的一部分或者作为财产从属于自然人、机构或者法人。因此,在数据立法 1.0 时代美国有关数据类的立法更多的是与个人隐私挂钩,体现的是数据的经济价值。在 1.0 时代的后期,美国立法机构对于国家安全层面的数据立法意识已经萌发,在"9·11 事件"后逐渐将立法重心转变为以国家安全为重点的美国数据立法 2.0 时代。在数据立法 2.0 时代,美国陆续通过保护关键设施,赋予政府机构更多的权力来获取各类数据以保护国家安全。由于过度赋权和收集数据手段的不正当性,在"棱镜门事件"后美国受到了来自国内外一致的压力,因此在数据立法 3.0 时代,美国将立法重心放在了国家之间数据跨境流动时的安全性以及数据国家主权之上。

(1) 数据立法 1.0 时代——以个人隐私等权利为核心的数据保护模式。

早在 1933 年《证券法》(Securities Act of 1933) 和《美国联邦贸易委员会法》(Federal Trade Commission Act) 中,美国立法规定了对美国证券消费者的保护,使其有权收到有关公开销售证券的财务和其他重要信息,同时禁止在贸易活动中存在不公平或者欺骗性的行为与做法。虽然在 1933 年《证券法》与《美国联邦贸易委员会法》中没有明确提出数据的概念,但是其体现了数据的真实性对于消费者保护的重要性。而在 1934 年《通讯法》(Communications Act of 1934) 中,美国立法机构首次明确提出了数据保护的概念,该法案规定了包括对普通运营商、有线电视运营商以及卫星运营商数据保护的内容。1939 年美国《侵权法重述（第一版）》（Restatement of the Law）承认隐私权是一项独立的权利，在无正当理由的情况下侵犯他人的隐私权被纳入了可以诉讼追责的范围内。1965 年格鲁斯沃德诉康涅狄格州案（Griswold v. Connecticut）以判例的形式在美国正式确立了对于隐私权的保护。1974 年美国通过了《隐私权法案》（Privacy Act），该法案全面规定了个人数据方面的安全，同时确立了美国官方机构在个人数据汲取、留存、合理使用等方面的准则。《隐私权法案》更多的是注重公共机构收集个人数据对于个体隐私方面的保护。1976 年沃伦诉罗伊案（Whalen v. Roe）标志着美国从宪法层面对于隐私权的认可与保护。随后，在 1986 年《电子通信隐私法》（Electronic Communications Privacy Act）① 出台，重点保护个人电子通信安全，适用于个人在通信过程中产生的电子邮件、电话和电子储存的数据。在 1988 年《儿童在线隐私法案》（Children's Online Privacy Protection Act）中提出了线上运营商保护儿童相关数据的要求，对于运营商收集儿童个人信息方面的数据的行为需征得监护人的同意。1997 年颁布的《计算机安全增强法》（Computer Security Enhancement Act）要求美国国家标准技术研究所协助企业建立完善的密钥管理系统，对于企业的管理与权益保护更进了一步。

以权利为核心的数据权保护，还体现在商业秘密等知识产权领域。美国在此领域的法律最早可追溯到 1790 年《著作权法》（Copyright Law of 1790）及其后的一系列修订。除此之外，1980 年《计算机软件版权法》（Computer Software Copyright Act of 1980）首次将计算机软件纳入知识产权保护的范围；1997 年《禁止电子盗窃法》（No Electronic Theft Act of 1997）填补了"美利坚诉拉马奇亚"（United States v. LaMacchia）案中无法处置非营利网络侵权行为的法律空白；1998 年《数字千年版权法》（Digital Millennium Copyright Act of 1998）完善了对于著作权人的保护，同时对于互联网服务的提供商（Internet Service

---

① Congress. gov. Electronic Communications Privacy Act [EB/OL]. [2023-09-21]. https://www. congress. gov/bill/99th - congress/house - bill/4952？q =% 7B% 22search% 22% 3A% 22Electronic+Communications+Privacy+Act%22%7D&s =5&r =34.

Provider，ISP）进行了规制，并且完善了该领域的刑法规范；2008 年《优化知识产权资源与组织法》（Prioritizing Resources and Organization for Intellectual Property Act of 2008，PRO IP Act）从侵权法视角加重了侵权行为的处罚力度的同时设定"重罪"条款，并且建立了完善的罚金和赔偿制度。

除了对个人数据领域指引性较强的隐私保护与知识产权保护之外，监管性较强的刑法保护在此阶段也有了较为显著的发展。20 世纪 70 年代，由于立法对于计算机、互联网犯罪缺乏针对性，相关的犯罪只能依赖法官在非法侵入住所罪（Trespass）、入室盗窃（Burglary）和盗窃（Theft）三个罪名之间进行灵活的解释来实现定罪量刑的效果，但是其结果往往存在要件无法精准匹配、部分情况存在绝对空白、部分情节被不当解释等问题。1977 年参议员雷比科夫（Ribicoff）首次向参议院提交了《联邦计算机系统保护法案》（Bill of Federal Computer Systems Protection Act），主张将"受保护的电子数据"纳入"财产"的概念，首次从立法层面响应了司法实践中精准定罪量刑的需求，但该法案并未被纳入议会议程。经过了七年的准备工作，1984 年《全面控制犯罪法》（Comprehensive Crime Control Act）颁布。该法案并非针对数据保护与计算机犯罪，而是一部包含各领域犯罪的综合性立法，但在该法案第 2102 条（a）中设定了具体的计算机网络犯罪的罪名，被称为《伪造接入设备与计算机欺诈及滥用法》（Counterfeit Access Device and Computer Fraud and Abuse Act）。[1] 该法案主要针对黑客对于计算机的攻击行为，包含三种犯罪行为：一是未授权或越权访问计算机网络或有意获取美国国防、外交的机密信息；二是未授权或越权从财政机构或消费者报告机构中获取财务信息；三是为了使用、更改、破坏或泄露联邦政府有关的计算机而未授权或越权访问。第一种行为构成重罪，后两种行为构成轻罪。由于 1984 年《伪造接入设备与计算机欺诈及滥用法》只是

---

① Congress. gov. Counterfeit Access Device and Computer Fraud and Abuse Act [EB/OL]. [2023-09-21]. https://www. congress. gov/bill/98th-congress/house-bill/5112? q=%7B%22search%22%3A%22Counterfeit+Access+Device+and+Computer+Fraud+Abuse+Act%22%7D&s=7&r=5.

美国进行数据保护的开端，立法的创新性有限，仍以保守立场为主，除了对第二种犯罪行为的惩戒以外，该法案以个人权利为核心的属性尚未完全体现出来，更多的是对司法实务中亟须解决的问题采取有针对性的立法措施。该法案不适用于非政府机构的个人、商事主体的计算机及网络环境，不包括单纯对于计算机及数据信息实施侵入但并未实施诈骗的情形，这也是立法保守性的证明。随着计算机与互联网技术的不断完善、应用的快速普及以及相关犯罪的变化发展，《伪造接入设备与计算机欺诈及滥用法》先后经历了五次修订，其内容也不断扩展。

第一次修订在 1986 年，《伪造接入设备与计算机欺诈及滥用法》被国会所正式修订为《计算机欺诈与滥用法》（Computer Fraud and Abuse Act, CFAA），后作为第 1030（a）条被编入《美国联邦法典》（U. S. Code）第 18 编"犯罪与刑事程序"。《计算机欺诈与滥用法》基本形成了美国计算机网络刑法体系的框架与结构。在原有的基础上，《计算机欺诈与滥用法》界定了一些较为模糊的用语概念，新增了三种犯罪行为：一是未授权以诈骗为目的访问计算机网络；二是未授权访问计算机网络并更改、损毁其信息导致损害；三是非法交易计算机网络密码。整体而言，《计算机欺诈与滥用法》仍然有一定的保守性特征，新设的三种犯罪行为中前两种均仅适用于与"联邦利益"有关的计算机，即政府机关或财政机构使用的计算机。

第二次修订是 1994 年《暴力犯罪控制与法律执行法》（Violent Crime Control and Law Enforcement Act of 1994）①，该法案是涵盖了多领域的刑事法律规范合集，其中 290001 章节为《1994 年计算机滥用修正法》。修正法的主要内容有两项，一是未授权访问计算机网络并更改、损毁其信息导致损害的规定从故意扩展到过失和无疏忽的情况；二是增加了民事救济条款，允许被害人进行索

---

① Congress. gov. Violent Crime Control and Law Enforcement Act of 1994 [EB/OL]. [2023–09–21]. https：//www. congress. gov/bill/103rd – congress/house – bill/3355？q =% 7B% 22search%22%3A% 22Violent + Crime + Control + and + Law + Enforcement + Act + of + 1994% 22% 7D&s =9&r =53.

赔诉讼。可以看出，在对计算机犯罪打击力度加强的同时，对个人、机构等私权利主体的保护正逐步建立起来，刑法规范以权利保护为核心的构建思路也逐渐清晰。

第三次修订是 1996 年《国家信息基础设施保护法》（National Information Infrastructure Protection Act of 1996）①，该法案属于美国《经济间谍法—1996》的一部分。主要的修改内容有：第一，新增了第七种犯罪行为，即使用计算机进行敲诈勒索；第二，将被保护的客体扩大到洲际或国际交往中任何类别的任何信息；第三，将他人身体伤害和公共卫生安全新增到造成损害的具体情形；第四，将"与联邦利益有关的计算机"改为"受保护的计算机"，填补法律漏洞。此次修订极具代表性，大大扩张了刑法对于计算机网络与数据的保护范围，同时更加凸显了私权保障的特征，自此只要是接入互联网的计算机，无论属于政府机构、商业主体还是个人，均受到《计算机欺诈与滥用法》的保护。

对于权益视角下的数据刑法保护，另一个重要的立足点是对身份信息的刑法保护措施。1998 年《身份盗窃及冒用防止法》（Identity Theft and Assumption Deterrence Act of 1998）首次将冒用身份的行为纳入刑法的追责范围，其后的《互联网错误身份预防法》（Internet False Identification Prevention Act of 2000）、《公平准确信用交易法》（Fair and Accurate Credit Transactions Act of 2003）、《身份盗窃加重处罚法》（Identity Theft Penalty Enhancement Act of 2004）、《身份盗窃犯罪执行与赔偿法案（2008）》（Identity Theft Enforcement andRestitution Act of 2008）等法律进一步完善了对互联网环境下身份信息的刑法保护体系，将更为细致的规范纳入了《美国联邦法典》第 18 章。

---

① Congress. gov. National Information Infrastructure Protection Act of 1996 [EB/OL]. [2023-09-21]. https://www. congress. gov/bill/104th-congress/house-bill/3723? q =%7B%22search%22%3A%22National+Information+Infrastructure+Protection+Act+of+1996%227D&s =3&r =3.

（2）数据立法 2.0 时代——以联邦安全为核心的立法模式。

2001 年"9·11 事件"爆发，在恐怖主义震惊世界的同时，互联网安全与网络治理也被提上了美国政府的日程。此外，进入 21 世纪各种网络安全层出不穷，也为网络治理的工作提出了更为紧迫的要求。自此，美国的数据立法进入 2.0 时代。在此阶段，立法的重心不再局限于已有的权益侵害问题的解决，而是更加重视对潜在互联网安全与数据安全方面相关风险的预防。同时，立法开始更加凸显开放性的特点，为立法时尚未发生但预见可能出现的风险防范与处置预留立法空间。

在"9·11 事件"的背景下颁布的首部重要法律是 2001 年的《爱国者法》（Uniting and Strengthening America by Providing Appropriate Tools Required to Intercept and Obstruct Terrorism Act of 2001，USA PATRIOT）①，也是《计算机欺诈与滥用法》的第四次修订。该法在第 814 部分编写了《制止与预防网络恐怖主义》，对于《计算机欺诈与滥用法》进行了修订，除了扩大"损失"定义的范围，完善法定刑，最主要的修订内容是将"受保护的计算机"范围进一步扩张到美国国境以外的计算机上。一方面数据权保护对象的扩张意味着美国可以对攻击美国以外地区的计算机并且影响到美国国内利益的犯罪行为进行追诉；另一方面也是美国数据保护立法的一个重大转向，数据权的刑法保护开始以全世界为目标范围，所要面对的侵害行为也从小规模的严重侵权行为扩张到了侵害联邦安全的恐怖主义活动。《计算机欺诈与滥用法》可能并非与反恐活动直接相关，但其背后揭示了对于安全与主权问题的重视和私权利到公权力的重大立法保护视角的转向。

《计算机欺诈与滥用法》的第五次修订是 2008 年颁布的《前副总统保护法》中的《身份盗窃犯罪执行与赔偿法案（2008）》（Identity Theft Enforce-

---

① Congress. gov. Uniting and Strengthening America by Providing Appropriate Tools Required to Intercept and Obstruct Terrorism Act of 2001，USA PATRIOT [EB/OL]．[2023-09-21]．https://www. congress. gov/bill/107th-congress/house-bill/3162？q =% 7B% 22search% 22% 3A%22Uniting+and+Strengthening+America+by+Providing+Appropriate+Tools+Required+to+Intercept+Obstruct+Terrorism+Act+of+2001%22%7D&s =5&r =4.

ment and Restitution Act of 2008）①，主要修订内容有三个：一是删除了"州际交流"的要件，不再限定数据的用途；二是将"未授权访问计算机网络并更改、损毁其信息导致损害"的情形进行细化规定；三是将"受保护的计算机"范围再度扩展，《计算机欺诈与滥用法》的规定适用于所有计算机。刑法对于数据范围的扩展是对联邦安全的重申。经过上述五次较大的修订以及三次微调之后，《计算机欺诈与滥用法》形成了 a 至 g 款，a 和 b 两款规定犯罪既遂与未遂、c 款规定刑罚、d 款规定计算机犯罪的主管部门、e 款规定相关术语、f 款规定调查规范、g 款规定民事赔偿。

除了极为重要的《计算机欺诈与滥用法》，这一时期还有诸多法案共同构成了数据权益相关行为的延伸监管和对于数据安全的整体规划。2001 年出台的《关键基础设施保护法》（Critical Infrastructures Protection Act）规定任何实际破坏或虚拟干扰美国关键设施的行为都是违法行为，其中就包括关键网络信息系统；2002 年发布的《网络安全研究与发展法》（Cyber Security Research and Development Act）规定政府应当资助网络安全的研发；同年发布的《联邦信息安全管理法》（Federal Information Security Management Act）要求政府设立完善的制度确保重要网络信息的安全性。同年的另一部《网络安全增强法》（Cyber Security Enhancement Act）则赋予了政府获得电子通信信息的具体内容的权力。到了 2009 年，《网络安全法》（Cybersecurity Act）正式出台，在联邦层面成立国家网络安全咨询办公室，该办公室有权管理所有网络相关事务，并且有权从互联网上切断重要的基础设置。而另一个重要的国家级网络安全战略研究机构网络空间政策办公室，则依据 2010 年《作为国家资产的网络空间保护法》（Protecting Cyberspace as a National Asset Act）而产生，成为总统行政办公室下辖的重要安全情报收集与战略协调机构。2013—2014 年集中发布的

---

① Congress. gov. Identity Theft Enforcement and Restitution Act of 2008 [EB/OL]. [2023-09-21]. https://www. congress. gov/bill/110th - congress/house - bill/5938? q =% 7B% 22search%22%3A%22Identity+Theft+Enforcement+and+Restitution+Act+of+2008%22%7D&s = 6&r = 2.

《网络安全及美国网络竞争法》（Cybersecurity and American Cyber Competitive-ness Act）、《网络信息共享和保护法》（Cyber Intelligence Sharing and Protection Act）、《联邦信息安全管理法》（Federal Information Security Modernization Act，FISMA）、《国家网络安全保护法》（National Cybersecurity Protection Act）、《网络安全人员评估法》（Cybersecurity Workforce Assessment Act）、《网络安全和关键基础设施保护法》（National Cybersecurity and Critical Infrastructure Protection Act）等法案从不同角度对网络安全维护与反恐活动进行了规划。

（3）数据立法 3.0 时代——以跨境流动为核心的立法模式。

在互联网普及的早期，全世界普遍未意识到跨境数据所涉及的一系列复杂问题，美国也是如此，相较于计算机技术与互联网技术的跨境流动，我们更注重的是如何进一步释放计算机与互联网对国内经济发展与技术进步所产生的驱动力。"棱镜门事件"后，人们普遍意识到强大的互联网监控体系与信息监控尽管可以在反恐活动中取得先机，但同样对公民个人隐私等宪法权利会造成显而易见的侵害。与此同时，随着互联网技术得到进一步的发展，数据已经从资源、资产转化为资本，通过数据的交易和流通不仅可以实现本国内对于数据资源的调配，还可以在不同国家和地区之间实现资本的流转与创新。世界范围内，数据正在成为重要的战略物资。在此背景下，美国的数据保护立法再次转向，尽管对互联网安全以及反恐的立法工作仍然保持高强度推进（尤其是2015 年发布的《网络安全信息共享法》是网络安全领域极为重要的法案），但这一阶段更为突出的特征是美国在数据跨境流动的立法方面进行了积极的探索。

"跨境数据流动"（Transborder Flows of Personal Data）即"跨越国境的个人数据移动"，这一概念最早是在 20 世纪 70 年代由经济合作与发展组织（OECD）的科学技术政策委员会（The Committee for Scientific and Technological Policy，CSTP）下设的计算机应用工作组（Computer Utilization Group，CUG）提出。美国的跨境数据流动有着相对严格的出境管理要求。

2000 年美国就与欧盟达成了《安全港协议》（Safe Harbor Framework），该协议包含了告知、选择、转送、向前传递责任、安全和救济六大隐私保护原则。美国承诺遵守六大原则，则欧盟不再对其采取限制性的数据保护措施。然而 2013 年"棱镜门事件"曝光在世人面前，2015 年欧盟认定该协议无效，双方重新进行谈判，并于 2016 年达成《隐私盾协议》（EU-US Privacy Shield）。该协议设定了更为细致的隐私监管措施和更多的隐私权救济渠道，且赋予欧盟公民更便利的权利救济途径。此外，美国还与韩国签订了《美国—韩国自由贸易协定》（The U. S. -South Korea Free Trade Agreement），在约定避免给跨境数据流动制造不必要的障碍的同时，还约定双方合作进行隐私权保护；2016 年，美国主导下跨太平洋伙伴协议（Trans-Pacific Partnership Agreement，TPP）签署，其中特别约定不对跨境数据流动进行超出合理限度的限制，并且旗帜鲜明地反对将计算机数据本地化的处理模式。此外，TPP 还在第 14.8 条约定了保护用户个人信息的条款。2017 年美国退出了 TPP 协定；2018 年，美国与墨西哥、加拿大签订《美墨加贸易协定》（United States-Mexico-Canada Agreement），在数据跨境问题上，强调公开政府数据，并为企业提供获取与使用政府数据的机会，是美国倡导跨境数据自由流动的又一个鲜明体现。与之相配套的是，美国对于本国特殊领域企业实行严格的跨境数据流动管理制度，《外国投资风险审查现代化法案》（The Foreign Investment Risk Review Modernization Act）要求将外资企业收集美国公民个人数据的情况加以审查，并且在 2018 年发布《澄清域外数据的合法使用法案》（The Clarifying Lawful Overseas Use of Data Act，CLOUD）。该法案大大扩张了美国对海外数据的管辖权，尽管可以有效提高执法取证效率，但是也加剧了国家间的司法管辖冲突。

2. 美国数据犯罪治理的典型案例

受制于美国联邦州分立的立法模式，美国并没有统一的刑事立法用来规制数据和网络安全类犯罪。但是纵观数十年来的立法进程，美国主要采取了计算机信息系统的数据保护模式。① 总的来说，其数据犯罪类立法主要分为以下五类。

第一，非法侵入计算机或计算机系统方面的犯罪。《美国联邦法典》第18编第47章"欺诈与虚假陈述"第1030条规定了四种非法侵入计算机系统的犯罪：①《美国联邦法典》第1030条a1规定的非法侵入计算机系统获取国家秘密信息并传播或扣留罪，本罪主观上要求明知，危害行为包括未授权或越权侵入计算机信息系统（包括未经授权或超越授权两种情形）、获取国家秘密信息、故意向未授权接受人传达、传送、传播上述国家秘密信息三种行为模式。②《美国联邦法典》第1030条a2规定的侵入信息系统并获取信息罪，本罪主观上要求蓄意，危害行为是未授权或越权侵权计算信息系统并获取信息（包括未下载的浏览），重点在于惩戒滥用计算机技术窃取信息的行为。③《美国联邦法典》第2030条a3规定的非法侵入国家计算机信息系统罪。本罪主观上要求蓄意，危害行为是未授权侵入国家计算机信息系统，而无须侵入之后获取数据或传播数据等行为，但是本罪限于非公开的计算机信息系统，一般是美国政府的计算机系统。④《美国联邦法典》第1030条a4规定的为诈取财物侵入计算机信息系统并获取利益罪。本罪主观上是明知且具有欺诈的意图，危害行为是未授权或越权侵入受保护的计算机信息系统，且侵入行为推进了诈取利益的行为，不要求存在诈骗行为。

第二，冒用或盗用身份信息方面的犯罪。《美国联邦法典》第18章第1028条a7规定了身份盗窃罪。本罪主观上为明知且要求具有实施特定犯罪的目的，危害行为是未授权的转移、持有或使用他人的识别方法信息（如驾驶证、护照、身份证、信用卡等电子识别号码、电信识别信息或设备以及生物识别信息等）。此外，依据《美国联邦法典》第1028A条，在犯部分重罪期间或与部分重罪行为相关的情况下，明知而转移、持有或使用他人身份证明方法信息的行为，此时加重刑事责任。除了联邦法典的成文表述，美国在银行、政府

---

① 蔡世林. 我国数据安全法益保护：域外经验与立法路径［J］. 深圳大学学报，2022,39(6)：99.

机构、保险机构和其他金融机构的行业规范上也进行了行为限定，尽可能减少滥用或冒用他人信息的情况发生。

第三，侵害通信安全方面的犯罪。美国《窃听法》（Wiretap Act）规定了三项罪名：拦截通信、披露遭拦截的通信、使用拦截的通信。这三项罪名处理侵害通信通道安全性的行为。《美国联邦法典》第 18 编第 119 章"有限和电子通信拦截和口头通信拦截"第 2511 条将上述三项罪名扩张使用于电子通信而规制拦截计算机通信方面的犯罪。此外，《美国联邦法典》第 18 编第 121 章"访问存储的有线和电子通信及交易记录"第 2701 条规定了非法访问存储的通信罪。本罪的主观是蓄意，如果决定性动机是出于商业利益恶意破坏、实施犯罪或获取私人商业利益的目的还可以构成重罪。危害行为是指未授权或越权蓄意访问提供电子通信服务的设备并且获取、修改其通信或者组织有权者的访问。

第四，破坏计算机信息系统方面的犯罪。《美国联邦法典》第 1003 条 a5 规定了破坏计算机信息系统罪，依其主观心态可分为两类：①故意（蓄意）破坏计算机信息系统犯罪，一般是指行为人向计算机信息系统发出程序、信息、代码的行为直接或间接导致计算机信息系统受到损害。②轻率或疏忽大意导致计算机信息系统损坏犯罪，是指行为人蓄意实施了侵入行为，但是对于危害结果持轻率或疏忽大意的心态。除了本罪，《美国联邦法典》第 18 编第 65 章"恶意毁损"第 1362 条也规定了干扰国家通信线路和系统罪，有三种危害行为：①损害、破坏无线电、电报、电话，或电缆、线路、电台、系统或其他形式通信的工程、财产或材料；②以任何方式干扰前述线路或系统的工作或使用；③阻挠、妨碍或延迟前述线路或系统上的通信传输。两罪的行为存在部分竞合。

第五，提供密码方面的犯罪。《美国联邦法典》第 1030 条 a6 规定了提供密码类设备罪。密码即具有防护作用、能指引获取计算机信息系统访问权限的重要信息。本罪主观上是明知，且需要有欺诈的意图，危害行为有两种：①向他人提供或以其他方式处置密码或类似信息；②为了向他人移交或以其他方式处置而取得密码或类似信息的行为。

3. 美国数据刑事立法的特点

美国的数据刑事立法体现出三个特点：

（1）从手段到目的分类划分犯罪类型。

根据《计算机欺诈与滥用法》（Computer Fraud and Abuse Act，CFAA），美国对数据犯罪的划分极为细致，从未经授权访问到私有系统的侵入，到通过数字手段破坏数据或系统，都有明确的法律条文进行规定。

（2）重视犯罪治理的洲际和国际合作。

由于数字犯罪往往不受地理界限的限制，美国的立法特别强调了洲际和国际合作的重要性。例如，美国联邦法典第 18 篇第 1341 条规定了邮件欺诈的犯罪行为，并且禁止跨州欺诈行为。如果洲际通信行为是犯罪计划环节中的重要一环，那么就受到联邦法律管辖。此外，《电子通信隐私法》（Electronic Communications Privacy Act，ECPA）是一部旨在保护电子通信不被无授权的监视和拦截的法律。该法案允许联邦政府与州政府合作，对违反 ECPA 的行为进行起诉。例如，《经济间谍法—1996》（Economic Espionage Act of 1996，EEA）专门针对企业秘密的窃取，无论是来自国内还是国外的威胁。在"9·11 事件"之后，《爱国者法案》（USA PATRIOT）增强了洲际和国际合作，以预防和打击恐怖主义。通过计算机网络和窃取数据方式进行了恐怖主义活动也受到相应制裁。

（3）针对性的立法与技术进步同步。

与技术进步同步的是不断更新的立法。例如，为了应对网络钓鱼、身份盗窃等现代问题，《身份盗窃犯罪执行与赔偿法案（2008）》（Identity Theft Enforcement and Restitution Act of 2008）得以出台，提供了更具体的指导和对犯罪行为的定义。这项法案修订了美国联邦法典第 18 篇第 3663（b）条的规定，明确规定身份盗窃案的赔偿命令可以包括与受害者花费在修复身份盗窃或严重身份盗窃的实际或预期损害的时间相等的金额。新法还允许联邦法院在犯罪者和受害者居住在同一州时进行起诉。根据之前的法律，只有当窃贼使用跨州通信来访问受害者的个人身份信息时，联邦法院才有管辖权。

二、欧洲数据刑事立法司法现状

欧洲进行人口调查与记录的历史悠久，20世纪初期荷兰就建立了完备的人口信息档案，包含了姓名、住址、种族等多项重要数据信息。而20世纪70年代以来频发的个人信息泄露事件，引发了欧洲各国对数据保护的重视，欧洲也因此走在了世界各国数据保护立法的前列。欧盟作为具有高度统一化特征的政治实体，在数据保护与数据跨境流动领域作出了诸多极具探索性的探索，相关的立法规范与监管标准对世界各国产生了深远影响。在欧盟内部各国的单独立法中，德国因其第一个制定个人数据保护法的前瞻性与独特的体系性而更具有研究价值。因此，本节先介绍欧盟的数据立法，再专门介绍德国数据立法。

1. 欧盟

（1）欧盟数据保护的理念。

1）人格权理论。

与美国重视隐私权的理念不同，欧盟进行数据保护的核心概念是"个人数据"，其落脚点之一就是其源远流长的人格权理论。欧盟的普遍认知是，个人数据深刻体现了人格权的特征，是民法意义上人格权的具体内涵之一。在此基础上，众多研究、理论与立法从个人信息人格权的地位出发，采取稍显保守的立场对相关问题寻求解决之道。[①]

2）基本人权理论。

如前文所述，荷兰政府在20世纪初所建立的人口记录，在"二战"中被纳粹用于进行种族清洗和屠杀活动。历史的教训使得欧洲人对他人包括政府控

---

① 龙卫球.数据新型财产权构建及其体系研究［J］.政法论坛,2017,35（4）:63-77.

制自己的数据极其不信任。基于这种不信任感，欧洲将对个人数据的保护置于人权保护的高度[①]，即普遍认为对于个人数据与信息的保护是公民应当享有的、不可剥夺的基本人权的内容之一，是受到宪法保护的基本权利内容。在进入当代之后，不断有学者提出数字素养与权益也是当代人权的重要组成部分，人权的理论应当突破传统的物理空间范围，向虚拟空间拓展和延伸。[②]

（2）欧盟数据保护的刑事法实践。

1）第一层实践：推动共识。

在欧洲共同体时期以及欧盟建立早期，数据的地位及其需要保护的意识已经基本建立。1950 年颁布的《欧洲保障人权和基本自由公约》第八条指出："人人有权享有使自己的私人和家庭生活、住所和通信得到尊重的权利。"本条被认为是第一代个人数据保护规范。尽管体现了欧洲进行数据保护的尊重人权理念，但是此时对于个人信息的保护是以传统民法中的侵权规则来进行的。[③] 20 世纪 70 年代计算机开始得到应用，欧洲理事会更为深刻地意识到信息技术快速发展的背景下大量收集的数据与个人信息所蕴含的重要经济价值与安全意义，因而逐步通过指南与公约的形式推动各国重视对数据与个人信息的保护。

早期所进行的相关实践在客观上实现了将数据与信息保护从传统民法中剥离出来的效果。1980 年 9 月 23 日欧洲经济合作与发展组织发布了《关于保护隐私和个人数据国际流通的指南》（以下简称 OECD 指南）。OECD 指南主要创设了数据控制者应当遵循的八大原则，成为日后一系列法律文件的基石。2013 年 OECD 指南进行了修订。另一项重要成果是 1981 年 1 月 28 日欧共体的各成员国签订的《关于自动化处理的个人信息保护公约》（以下简称 108 号公约），这是数据保护领域第一个国际公约。从内容上看，108 号公约要求签署国在本

[①] 高富平,王苑. 被遗忘权在我国移植的法律障碍——以任甲玉与百度公司被遗忘权案为例 [J]. 法律适用(司法案例),2017(16):40-47.
[②] 马长山. 智慧社会背景下的"第四代人权"及其保障 [J]. 中国法学,2019(5):5-24.
[③] 刘云. 欧洲个人信息保护法的发展历程及其改革创新 [J]. 暨南大学学报,2017,39(2):73.

国立法中应用公约提供的处理原则，确保签署国之间的数据传输，并且在本国指定监督机关以监管数据保护事项；从对象上看，108 号公约将容易引起大规模信息泄露的自动化信息处理活动作为调整对象，而不包括一般机构或自然人对信息数据的处理和利用行为。截至 2016 年，108 号公约得到了全部欧盟成员国的批准。

108 号公约中虽然没有直接将侵害计算机系统、计算机网络或数据的行为规定为犯罪，但部分条款的规范性表述体现了对刑事相关数据的特别保护。如第六条规定的"敏感数据"中，与刑事诉讼相关或与定罪相关的个人数据被纳入"敏感数据"范畴之中，禁止进行处理。再如第 11 条规定了对于数据保护的例外情形，其中包含了"刑事犯罪的预防、调查和起诉、刑罚的执行，以及其他一般公共利益的基本目标"。总体而言，与刑事案件追诉、执行相关或与定罪身份相关的数据和个人信息受到公约的特别关注，这体现了 108 号公约已经折射出刑事相关问题在数据权益保护中所处的特殊地位。①

2）第二层实践：指导立法。

①概况。尽管 108 号公约具有重大历史意义，但在当时并未得到普遍重视，到 1989 年只有 7 个欧共体成员国批准，实施效果极为有限，此后欧盟开始探索更具一体化特征的指令形式。指令适用于欧盟内部各国，敦促成员国积极立法并建立相关制度，整体上看，指令的形式更加凸显了法律制度一体化的特征。

1995 年欧盟发布了《关于个人信息处理保护及个人信息自由传输的指令》（以下简称 95 指令），这是欧盟在个人信息保护领域的里程碑式成果。95 指令

---

① Article 11-Exceptions and restrictions No exception to the provisions set out in this Chapter shall be allowed except to the provisions of Article 5, paragraph 4, Article 7, paragraph 2, Article 8, paragraph 1, and Article 9, when such an exception is provided for by law, respects the essence of the fundamental rights and freedoms and constitutes a necessary and proportionate measure in a democratic society for a the protection of national security, defence, public safety, important economic and financial interests of the State, the impartiality and independence of the judiciary or the prevention, investigation and prosecution of criminal offences and the execution of criminal penalties, and other essential objectives of general public interest.

旨在对各国做出指导，使其能够合理处置本国数据保护的实际需求和数据自由流通的发展需要之间的平衡。内容上，95 指令将知情同意原则的地位正式确立下来，成为数据保护领域的帝王规则；组织机构上，95 指令设置了第 29 条工作组（The article 29 Data Protection Working Party，WP29）和欧洲信息保护监督局（European Data Protection Supervisor，EDPS）作为专门的个人信息保护行政机构，负责数据保护的研究与报告工作，以及受理、听证、调查和处理相关投诉等相关工作；95 指令还设置了欧洲委员会信息保护官（European Commission's Data Protection Officer）作为独立的信息专员，保障公民个人数据与信息权益。95 指令推动了数据保护工作的落实，欧盟内部各国相继颁布了本国的个人信息保护法。

2008 年欧盟发布了《关于在犯罪问题方面的个人信息保护和司法合作的政策框架》。与指令类文本类似，该框架不具备针对各国的强制性效力。但是此类框架为我国在处理跨国数据流动和跨境刑事案件时提供了标准化和协调的方法。在全球化的背景下，跨国数据流动已成为常态。欧盟的这一框架为确保数据流动的安全和效率提供了方法论。虽然框架不具有强制性，但其反映了国际社会对个人数据保护的共同认知和趋势。对我国而言，考虑和借鉴这些国际最佳实践不仅可以提升国内法律的质量，还可以促进与其他国家在数字领域的合作和交流。

自 1989 年起欧洲理事会就开始研究讨论与计算机网络有关的犯罪，通过若干次的提出建议、组织会议和征集意见，2001 年 11 月 18 日欧洲理事会正式批准了《网络犯罪公约》并开放签署，成为对当代国际社会具有重要意义与深远影响的国际公约。2003 年欧洲理事会发布了《网络犯罪公约附加议定书：对通过计算机系统实施种族性排外行为的犯罪化》（以下简称附加议定书）并开放签署，对《网络犯罪公约》进行补充。

②《网络犯罪公约》。《网络犯罪公约》共分四章，可分为刑事实体罪名、刑事执法措施以及刑事跨境合作三个主要方面：

在刑事实体罪名方面，条款集中在第二条至第十三条。网络犯罪的实体罪名被归纳为四类[①]：第一类，侵犯计算机数据和系统的机密性、完整性及可用性的犯罪，即以计算机设备、计算机网络或计算机中存储的数据为犯罪对象，通过技术手段实现对犯罪对象未经许可的侵入或干扰，最终对其安全性与稳定性造成负面影响的犯罪，典型例子如非法访问、非法截获、数据干扰、系统干扰和设备滥用等行为；第二类，与计算机有关的犯罪，即将计算机设备、计算机网络或计算机中存储的数据作为犯罪工具或手段，借此实施其他定性上与计算机并无直接关系的犯罪行为，包括与计算机有关的伪造、欺诈等行为；第三类，与内容相关的犯罪，主要是因计算机上处理特定内容而对于法所保护的利益产生了不容许的侵害的行为，包括制造、提供、分发、获取或保存儿童色情资料的行为；第四类，与侵犯版权和邻接权有关的犯罪，即通过计算机网络实施侵犯知识产权并且达到应当受追诉的程度的行为。从上述四类罪名设定可以看出，《网络犯罪公约》为各缔约国提供了立法的方向性指引而非直接的罪名构成，由此赋予缔约国更多的立法自由度予以调整、增删以符合本国的实际情况。

2003 年发布的附加议定书在上述罪名之外又规定了四类罪名：第一类，通过计算机系统传播种族性排外材料的行为；第二类，种族排外主义引起的威胁行为；第三类，种族主义引起的侮辱行为；第四类，对灭绝种族罪或危害人类的否认、低估、支持或辩护行为。附加议定书是未来对《网络犯罪公约》的主要修订形式，但是附加议定书不要求公约缔约国必须参加。

在刑事执法措施方面，条款集中在第十四条至第二十二条，主要规定了对网络犯罪所需的特别程序性措施，如管辖权问题、对于计算机设备的处置措施问题以及数据完整性保护问题等。执法措施方面的内容是对实体罪名条款的有力补充。

---

① 刘品新. 网络法：原理、案例与规则（第三版）[M]. 北京：中国人民大学出版社，2021：306.

在刑事跨境合作方面，条款集中在第二十三条至第三十五条，主要涉及引渡、信息互通等协作约定，谋求较为开放的国际刑事司法互助。

总体而言，《网络犯罪公约》是进行计算机设备、网络与数据的刑事法保护的重要探索，在规范表述上也具备一定的开放性与前瞻性，适应了对计算机与互联网相关犯罪进行处置引导的现实需求。

3）第三层实践：实现一体化。

①概况。尽管 95 指令的颁行具有重大的实践意义，但当时欧洲尚未进入全面的互联网时代，经济、社会、文化领域的各项活动也并不依赖于互联网技术。而进入 21 世纪，数据与个人信息随着互联网的普及化实现了海量的增长，其所蕴含的巨大价值也逐渐为各国所认识；另外，互联网带来的网络犯罪问题也困扰着各国的监管机构，这些表明 95 指令已经落后于时代需求。

另一项重要背景是，尽管 95 指令已经形成了对欧盟各国的立法指示与督促效力，一定程度上产生了打破各国保护壁垒的效果，但由于各成员国的法令内容仍然存在较大差异且保护水平并不一致，区域间仍然存在落差，跨国应用上仍然存在障碍，极易出现分歧；此外，指令本身无法直接适用于机构、企业与个人，而是依赖各国的立法转化，因此能够实现的直接效用有限。2009 年开始，欧盟组织了多次公众意见的咨询活动，试图探索更具有一体化特征的监管形式。

2012 年，欧洲委员会发布了《关于个人信息处理保护及个人信息自由传输的条例（草案）》（以下简称通用数据保护条例草案或 GDPR 草案），GDPR 草案经过了四年的研究与探讨，于 2016 年 4 月在欧洲理事会和欧洲议会分别表决通过了《关于个人信息处理保护及个人信息自由传输的条例》（以下简称通用数据保护条例或 GDPR）。经过两年的试运行之后，通用数据保护条例在 2018 年 5 月 25 日正式实施，取代欧盟成员国内部立法，在各成员国之间构建完全统一的数据监管规范与应用标准，彻底打破各国之间的数据保护壁垒。除了申明包括知情权、许可权、查询权、擦除权在内的十余项权利之外，通用数据保护条例还在个人信息范围、确认许可、处理者与控制者的义务、管辖权等问题上进行了创新；设立了欧洲信息保护委员会，负责执行与发布相关意见、指南工作；创设了降低成员国之间营运成本的"一站式管理"（One-Stop Shop）和对外的"风险等级差异化管理模式"（Risk-Based Approach），推动实现数据安全与数据充分应用之间的平衡；在机构上，通用数据保护条例专门设立了欧盟数据保护委员会（European Data Protection Board，EDPB），取代了95指令中的WP29工作组。

与通用数据保护条例同期发布的还有《关于有权机关为了预防、发现、调查和起诉刑事犯罪而自由传输个人信息及保护个人信息的指令》（以下简称2016刑事领域保护个人信息指令）以及《网络与信息系统安全指令》，前者主要指示刑事犯罪追诉过程中涉及个人数据时所采纳的保护措施，后者主要对抵御安全风险的责任归属问题进行指导性规定。而在网络安全治理方面另一个重要成果是2019年实施的《网络安全法》（EU Cybersecurity Act），其旨在实现欧盟内部的高水平网络安全、网络弹性和信任，内容上主要涉及欧盟网络和信息安全署的机构设置问题以及建立网络安全认证机制问题。

2013年欧盟宣布设立"欧洲网络犯罪中心"（European Cybercrime Center，EC3），进一步实现了网络犯罪领域的一体化进程，有效地提高了对数据权益刑事法保护的水平。

②通用数据保护条例。与108号公约类似，通用数据保护条例中没有直接将侵害计算机系统、计算机网络或数据的行为规定为犯罪，但部分条款的规范性表述体现了对刑事相关数据的特别保护。如第二条将预防、调查、侦查或起诉刑事犯罪为目的的情形构成对数据保护的责任豁免；第十条特别指出"与刑事定罪和犯罪有关的个人资料或相关的安全措施只有在官方控制下或授权下才能进行……任何全面的刑事定罪登记都只应在官方控制下保存"重申了刑事追诉相关数据的特别保护机制；第23条再次强调对数据控制者或处理者在

涉及"刑事犯罪的预防、调查、侦查或起诉，或执行刑事处罚，包括对公共安全威胁的预防和防范"时可以构成对权利与义务的限制。在上述规范的基础上，通用数据保护条例特别规定相关数据不适用于控制者的记录保存（第三十条）、指定代理人（第二十七条）；但是适用于数据保护影响的评估制度（第三十五条）、数据保护专员制度（第三十七条），并且可以作为数据传输的特别考量事由（第四十五条）。

（3）欧盟数据刑法保护特点。

1）一体化的立法机制。

欧盟是一体化的政治实体，为了实现欧盟内部经济、政治、文化的高度一体化，在数据传输与跨境流动的环节应尽可能减少内部各国法律制度上的差异与摩擦。为了避免各国出于保护个人信息而进行的立法工作对欧洲一体化的法律环境与经济交流背景产生不利影响，欧盟对各成员国采取了相对统一的一体化立法模式。尽管从大的法律架构来看欧盟的文件规范与各国的单独立法是并行的，欧盟级别制定的文件往往并不直接适用于各国的监管与司法实践，但是在一体化背景下各国的立法均在欧盟纲领性文件规范的指导下制定，必须符合其基本原理与监管思路。通过全方位的指令与条例，欧盟构建周密的数据保护体系，形成了一体化的数据安全保障机制。

一体化立法除了体现在欧盟从松散的公约逐步发展到具有一致性的指令，再发展到更显一体化特征的统一立法的趋势之外，还体现在欧洲立法机关普遍对各部门采取相同的标准和规范，采用统一的、一揽子的立法模式，国家设立数据保护的相关法案之后，由专设的数据保护部门负责相关执法和权益保护工作。

一体化立法的优势一方面体现在，其有利于欧盟内部经济互通、文化交流、政策立场连贯一致，充分体现欧盟内部政策与贸易的贯穿特征，形成整体的联动与结合，进而构成具有更强保护水准与数据应用能力的欧盟体系；另一方面体现在：便于欧盟对成员国进行统一管理与监督，尤其在通用数据保护条例颁行之后,跨国界的管理机制充分保障了监管的覆盖能力。一体化立法的劣势则在过于统一与僵化的立法不能兼顾各国、各领域的特殊性,不易变通,缺乏灵活性。

2)更加注重事前预防。

与美国更加注重隐私权等相关权益受到侵害之后的利益挽救思路不同,欧盟的整体监管策略更加侧重于事前义务的设定与风险的预防。数据权益被侵害后的救济往往难以实现与传统权利补偿性救济的效果,而是在事先应用与设计时更加重视风险的防范和相关主体的注意义务。事先预防的另一个侧面是重视默认的保护,在运行的各环节中贯彻数据权益保护的立场,通过各环节主体的共同合作实现主动的事先保护效果。

2. 德国

(1)德国的数据保护立场。

德国是欧洲计算机信息与互联网领域发展最为完善的国家。在信息技术的发展水平和互联网的普及与使用情况方面,德国在欧洲诸国当中历来位于领先地位,数据在生活服务、农业生产、工业制造、人工智能等领域均有大规模的重要应用;德国也格外重视信息开放与获取便利,重要的数据服务较早向企业、机构予以开放使用。

发展的前提在于对权益保护的重视。与欧洲多数国家相同,德国在高度重视数据价值与数据安全的同时,将数据相关权益落实为宪法意义上的基本人权。《德国基本法》第一条规定:"人的尊严不可侵犯,尊重及保护人的尊严是所有国家机关的义务。"与欧洲传统视角不同的是,德国的此项基本人权是通过"信息自决权"的形式呈现出来的。具体而言,自决权包含了对于个人信息的全面管理与控制,超越了隐私权范围限制,应受宪法根本保护。

1983年发生的"人口普查案"是确立德国数据保护立场的关键事件之一。德国当年通过的《联邦人口普查法》规定了进行全国性人口普查可以使用计算机进行相关个人数据的收集。然而从防范纳粹滥用数据信息的敏感视角出发，德国社会对于该人口普查法的合宪性提出了质疑。

德国联邦法院在本案中指出，公民对与其个人相关的数据信息具有"信息自决权"，这是宪法所赋予的基本权利的体现。信息可以在处理中获得新的意义，因此在自动化信息处理技术面前，不再有任何"不重要"的信息。"信息自决权"的定位已经超出了欧洲国家普遍适用的传统人格权的定位视角，且超越了人格权保护模式所代表的"私权领域"的视角，不再将数据权益视为民法领域所需保护的私法民事权利，而是从宪法基本权利的层面认可"任何信息均受保护"的重要地位，进而从更高的位阶出发实现对各领域立法、执法的全面统筹，各法律部门均负有对公民数据信息的保护义务，最终实现更为全面的数据保护效果。

（2）德国数据保护的立法实践。

1）德国数据保护总体概况。

1970年德国黑森州出台了《黑森州数据保护法》，这是世界上第一部数据保护法，彰显了德国在数据保护领域的超前性与预见性，同时该法案也开启了对数据立法保护的先河。此后的各州也相继制定本州的数据保护法。

此后，德国通过1997年《信息和通信服务规范法》（监控禁止内容、管控儿童有害内容）、1997年《电信服务法》（网络服务商对内容负责）、1997年《电信服务数据保护法》（规定可能侵害个人信息的情形）以及2007年《电信媒体法》（规制互联网及通信领域的核心立法，后经多次修订）共同构成对个人信息及数据权益的保护体系。整体来看，数据保护的相关内容贯穿于各领域的法律文件之中。

诸多立法中，最为重要的是1977年联邦德国正式生效的《数据保护法》（Federal Data Protection Act，以下简称 BDSG）。BDSG 采取了对公共机构与私人主体均设置数据保护义务的模式。同时 BDSG 针对数据的取得、处理、保护原则及范围、损害救济方式等环节涉及的诸多问题，特别是数据所有人的知情同意与修改删除方面的权利作出了针对性的规定。特别在机构方面，BDSG 特别设定了监督政府机构的"数据保护与信息自由专员"，实现从联邦到各州对于政府行为的制约与监控。此外，BDSG 还针对欧盟及欧盟外的国家就数据跨境流动设置了不同的标准。BDSG 经过了多次修订，最新的修订是在 2017 年。

2）德国数据权益的刑法保护。

从刑法罪名角度分析，刑法所保护的犯罪对象是与个人权益有密切关联的个人数据（die personenbezogenen daten）。对于非法获取、转卖数据信息的行为，进行处罚的依据有两处：

其一是德国《刑法典》第 202 条至第 206 条，分别对侵害个人隐私信息、数据的几种主要行为模式制定了相应的罪名，包括第 202a 条窥探数据罪（未经授权获取数据访问）、第 202b 条截获数据罪（未经授权使用技术手段从不公开数据传输中取得无权支配的数据）、第 202c 条为前两罪的预备、第 202d 条数据窝藏罪（为谋利进行数据获取、出售、转入、散布、公开）、第 203 条侵害他人秘密罪、第 204 条利用他人的秘密罪、第 206 条侵害邮政或电信秘密罪、第 303a 条数据变更罪（删除或变更数据使其变化）、第 303b 条破坏计算机罪。

其二是 BDSG 第 42 条（为谋取利益或给他人造成损失对于自然人数据的侵犯），属于附属刑法，相较于《刑法典》在表述上更为宽泛。BDSG 第 42 条的具体规范包括两项：①为谋利而公开多数人的非公开数据的；②为谋利或给他人造成损失而处理未公开的数据或骗取数据。第一项可以处三年以下监禁刑或罚金，第二项可以处两年以下监禁刑或罚金。此外，第三项规定指出前两项罪名告诉才处理，但主体除了权利人之外还可以包括相关数据保护及监管机构，还包括数据保护专员。

在网络安全领域，德国于 2011 年首次颁布了《网络空间安全战略》（Cyber Security Strategy for Germany），设定了总体的网络安全战略部署规划。2016 年该战略更新。《网络空间安全战略》一方面指出防范安全威胁的重要性（网络安全攻击带有犯罪性质且对于公共安全、经济社会秩序以及公私财产权均构成重大威胁）；另一方面规划了主要的监管行动方案，特别通过设立移动事件响应小组（MIRT）、刑事专门调查组以及宪法保卫局下辖的移动网络组（Mobile Cyber-Teams）实现对网络犯罪的快速应对和精准打击。

2015 年开始实施的《信息技术安全法》（IT-Security Act）授权联邦刑事警察局对互联网犯罪中涉及的嫌疑人可以进行网络数据监控活动，强化了德国政府的网络控制力。

3）德国对欧盟监管体系的衔接。

在《网络空间安全战略》中德国就强调了在欧洲的整体性网络安全环境之中才能实现更好的安全保障和犯罪打击效果。一方面，德国通过积极参与欧盟的相关项目与合作，实现对数据保护问题的高频参与，加强国际执法与跨境司法协助，共同应对网络威胁；另一方面，在相关监管规范层面实现与欧盟规范的衔接。

BDSG 经过了 1995 年、2001 年、2003 年、2006 年、2009 年、2015 年等多次修订。BDSG 的最近一次修订是在 2017 年，正是在欧盟通用数据保护条例的基础上对数据相关问题进行同步调整，并且同一天生效，以此形成衔接。

在 2018 年欧盟通用数据保护条例正式生效后，2018 年 11 月，德国数据保护局在此基础上开出了第一张罚单。① 2018 年 7 月，暧昧聊天平台网站 Knuddels 的大量涉及个人隐私的信息以明文的方式泄露至互联网。事后调查发现，Knuddels 没有对用户密码等敏感信息进行任何加密等保护措施，因此违反了 GDPR 第 32 条规定的义务，最终被罚款 20000 欧元。

（3）德国数据保护特点。

1）规范体系符合实践需求。

规范体系的构建应当以实践需要为基准，针对此要求，德国的数据保护领

---

① Ionut Ilascu. First GDPR Sanction in Germany Fines Flirty Chat Platform EUR 20,000 [EB/OL]. (2018－11－23) [2023－09－21]. https://www. bleepingcomputer. com/news/security/first-gdpr-sanction-in-germany-fines-flirty-chat-platform-eur-20-000/.

域规范体系的完善与周密程度堪称世界典范。从内容来看，主要体现在两个
方面：

其一，德国除单独的个人数据保护法规以外，在其他各领域也制定了针对
性的规定和立法，通过各领域的立法实现各法律部门之间的协同，并且最大限
度地实现对数据保护的全面覆盖；在联邦制政体之下从中央到地方进行全面立
法，进而实现地域性的协同，并且构成合理的规范层级关系。

其二，随着德国信息技术与数据应用等领域的快速发展，监管领域的法律
规范更新与修订非常快速、及时，满足了相关产业的实践需求。尤其是近年来
信息技术不断在新的领域发挥作用，德国通过各类细化规范进行监管（典型
如 2020 年 4 月对视频会议安全性的纲要）。

2）执法配套措施完善。

监管的有效性一方面需要完善的规范体系；另一方面也需要高效的执法配
套措施，方可有效实现规范的制定目的。德国在监管规范的相关配套措施方面
主要有两方面的举措可供参考：

其一，德国政府先后设立了多个网络安全与数据保护机构。除了隶属于政
府的国家网络安全委员会（从事政府与机构、公司的协调工作）、国家网络防
御中心（从事政府各部门之间的协调工作）和信息安全技术中心办公室（从
事电子取证与监控等辅助工作）等机构外，BDSG 要求建立与数据保护规范配
套的专门机构——数据保护局，并在内务部设立办公室，其下辖的从事数据保
护工作的数据保护专员（Data Protection Officer）作为政府设置的专业人员在
数据保护领域发挥重要作用。此外，与数据相关的机构与企业也需要设立数据
保护专员，一方面在政府和专门机构的指导下开展其所属机构的数据保护工
作，另一方面数据保护专员的工作成果与信息反馈也为政府实现有针对性监
管、本领域内相关社会组织实现有效沟通交流提供了契机，进而使每一个相关
企业、社会组织、机构与从业人员均成为数据保护大环境的重要组成部分。德
国通过全社会的共同努力满足数据保护的实践需求。

其二，德国数据保护体系重视政府的作用，立法与执法体系中对政府机构与数据相关的行为有极为明确的规范。无论是早在 1983 年的"人口普查案"还是 BDSG，对于政府在收集、使用、共享个人数据信息的相关条件限制与程序规范，以及政府在指导、监督、处理数据保护相关问题中的作为义务，均有着较为严格的规范约束。这与德国在纳粹之后决心根除滥用与错用数据信息的决心有密切关系。

第二节　域外数据刑法保护路径的争议和困境

美国和欧盟在数据刑事保护方面都有着明确的立法和司法现状，但当涉及跨境或域外数据时，问题和争议就开始浮现。本部分将重点探讨域外数据的刑事保护面临的争议与困境。

一、合法性与司法管辖权的冲突

在全球化和数字化的时代，数据流动已经跨越了传统的国界。尽管如此，法律体系仍然以国家为基础，导致在对域外数据进行刑事保护时，经常出现合法性和司法管辖权的冲突。在大多数国家，法律体系基于其领土范围内的事件和行为。但是，随着数据的跨境流动，这种传统观念受到了挑战，因为数据可能同时受到多个国家的法律影响。例如，尽管美国的《云计算法》和欧盟的通用数据保护条例（GDPR）都设有某种形式的跨境数据传输机制，但在实践中，这些机制经常会受到挑战。其中一个重要原因是不同国家对数据保护和刑事追诉的标准不同。例如，美国可能基于其国家安全的需要请求存储在欧盟的数据，而欧盟的 GDPR 可能出于隐私考虑拒绝这一请求。[①]

合法性和管辖权的争议还可能导致跨境刑事调查的延误，从而影响到犯罪

---

① European Commission. （2016）. The General Data Protection Regulation （GDPR）. Brussels：EU Publications.

的有效打击。当多个国家都声称对某个数据有管辖权时，可能会出现重复的刑事调查和司法程序，导致资源的浪费和效率的下降。例如，一名欧盟公民在使用美国社交媒体平台时涉嫌犯罪，欧盟和美国都可能对此进行调查。这不仅意味着两国都需要投入资源来进行调查，而且还可能导致调查结果之间的不一致，进而引发司法冲突和外交纷争。① 频繁出现的管辖权争议和重复的司法程序可能导致公众对司法体系的信心下降。这对于任何法治国家来说都是一个严重的问题，因为公众的信任是司法效率和公正性的基石。②

二、数据隐私与国家安全的权衡

国家在打击刑事犯罪时，有时需要访问跨境数据。然而，这种访问可能侵犯个人隐私权和数据保护原则。在域外数据获取中，找到平衡点以确保国家安全和个人隐私都得到维护是一个复杂的问题。在数字化和全球化的今天，国家打击刑事犯罪时，访问跨境数据的需求日益增长。与此同时，公众对于数据隐私和保护的要求也越来越高。在这个交汇点上，国家需要在确保国家安全与维护个人隐私权之间找到平衡，但是这一挑战在多国法域与不断发展的技术面前显得尤为复杂。

隐私被视为一个基本的人权③，而在数字时代，数据隐私就是这一权利的重要组成部分。无节制的跨境数据获取可能会导致公民受到不必要的监控，从而侵犯其基本权利。例如，美国的《云计算法》允许政府获取存储在海外的数据④，这在欧盟和其他地区引起了争议，因为这可能违反了 GDPR 和其他数

---

① Anderson,C. & Renwick,D. The Challenges of Cross-Border Law Enforcement Data Access [J]. Harvard International Review,2017,28(3):45-50.

② Stevens,G. Public Trust in the Age of Global Data Flow [J]. Journal of International Data Privacy,2020,5(2):77-89.

③ UN General Assembly. Universal Declaration of Human Rights [EB/OL]. [2023-09-21]. https://www. un. org/sites/un2. un. org/files/2021/03/udhr. pdf.

④ Washington,DC:U. S. Government Publishing Office. Clarifying Lawful Overseas Use of Data (CLOUD) Act [EB/OL]. [2023-09-21]. https://www. justsecurity. org/wp-content/uploads/2018/02/Cloud-Act. pdf.

据保护法律。为了解决这一困境，某些国家和地区已经开始探索双边或多边协议，如《布达佩斯公约》①，以确保数据获取的合法性并维护公众的信任。此外，技术如数据伪名化和加密也被提议作为在不侵犯隐私的前提下进行数据获取的手段。②

三、国际合作的障碍

在数据刑事保护方面，不同的法律体系、文化和政治背景可能会阻碍国际合作。这可能导致执行难度增加，以及跨境犯罪调查中的延误和冲突。一方面，由于各国对犯罪的定义和分类的不一致，这种分类上的差异可能导致数据请求被拒绝或被忽略。另一方面，不同的国家可能有不同的法律程序和要求来处理外国政府的数据请求③，这意味着即使两国都愿意合作，也可能因为程序上的差异导致延误。这一点，在注明来源时表现得尤为明显。

此外，文化观念差异导致的障碍也会影响到跨境数据刑事立法角度的国际合作障碍。在某些文化中，个人隐私可能被视为至关重要，而在其他文化中，集体利益或国家安全可能被视为优先。④ 这些基本的文化观念可能导致数据请求在某些国家受到严格的审查。

尽管数据刑事保护在现代社会显得至关重要，但由于不同的法律体系、文化和政治背景的存在，国际合作仍然面临着许多障碍。为了有效地应对这些问题，国际社会需要建立更加包容、灵活和透明的合作机制。

---

① Council of Europe. Convention on Cybercrime(Budapest Convention) [EB/OL]. [2023-09-21]. https://rm. coe. int/1680081561.
② Danezis,G. ,Domingo-Ferrer,J. ,Hansen,M. ,Hoepman,J. ,Métayer,D. L. ,Tirtea,R. ,& Schiffner,S. Privacy and Data Protection by Design [R]. ENISA,2015.
③ Swire,P. Mutual Legal Assistance vs. the Microsoft Warrant:The Need for Additional Clarity [D]. Atlanta:Georgia Tech Scheller College,2015.
④ Nissenbaum, H. Privacy in Context: Technology, Policy, and the Integrity of Social Life [M]. Stanford:Stanford University Press,2009.

四、商业利益与刑事调查的冲突

在全球化的商业环境中，许多公司和组织在多个国家经营，从而需要在多个法域中存储和处理数据。当这些企业被要求公开存储在其他国家的数据时，它们可能会陷入法律和商业责任之间的困境，这不仅涉及法律遵从的问题，还可能导致重大的商业损害。

对于大部分跨国企业而言，法域冲突带来的双重责任引发了巨大的挑战。一方面，公司可能同时受到多个国家的法律约束。[1] 在一个国家被要求公开数据，可能意味着违反另一个国家的数据保护法规。不遵守数据请求可能导致罚款、制裁或其他法律后果，而违反数据保护规定也可能导致类似的法律后果。[2] 在某些情况下，被迫公开的数据可能包括商业机密或其他对竞争者有价值的信息，导致企业失去竞争优势。

为了减少跨境数据请求的复杂性和风险，一些公司可能被迫将数据存储在特定的国家或地区，这可能导致额外的成本和运营复杂性。跨国企业可能需要重新评估与合作伙伴和供应商之间的合同，以确保在跨境数据请求中的权益得到维护。

第三节 未来展望与立法启示

随着技术的迅速发展和全球化的推进，跨境数据流动和相关法律挑战将继续增加。尽管各国和各国际组织面临巨大的压力，但它们也有机会重塑和完善全球数据治理的框架。

---

[1] Kuner,C. Transborder Data Flows and Data Privacy Law [M]. Oxford:Oxford University Press,2013:97-98.

[2] Determann,L. Determann's Field Guide to Data Privacy Law [M]. International Corporate Compliance. Cheltenham:Edward Elgar Publishing,2017:15-16.

一、建立全球数据治理框架

面对跨境数据流动带来的挑战，国际社会迫切需要一个更加协调、灵活和可持续的全球数据治理框架。通过多边机构，如联合国、世界贸易组织等，制定一系列的标准和指导原则，这不仅可以保护数据隐私和安全，还能促进数据的开放和流动。[①] 多边机构，如联合国和世界贸易组织，具有广泛的成员国基础和权威性，可以在此方面发挥关键作用。通过这些组织，可以协调各国的政策，制定共同的数据治理原则和标准。在人工智能时代，数据治理的思维必须经历重大变革。传统的方法可能不再适应现代的数据流动和技术环境。而多边机构提供的共同框架，可以确保数据流动的公平性、透明性和安全性。此外，通过制定全球性的指导原则，可以确保数据隐私和安全的保护，并平衡数据的开放与流动的需求。这样的平衡不仅有助于保护公民的权利，还能推动国际数据经济的发展。

二、强化区域合作与双边协议

为了解决法律管辖权之间的冲突，区域合作和双边协议至关重要。通过区域协作，例如东盟或非洲联盟，可以制定共同的数据治理原则和框架。双边协议则可以解决特定国家之间的问题，确保数据流动的安全和便利。[②] 区域合作提供了一个多国共同参与的平台，旨在达成一致的法律框架和原则。例如，东盟或非洲联盟等区域组织，它们不仅促进了成员国之间的经济和政治合作，还为数据治理提供了一种多边的方法。这种方法允许成员国分享最佳实践、协调政策差异，并确保数据在整个区域内安全、有效地流动。此外，这也有助于提

---

① O'Reilly, T. Rethinking Data Governance in the Age of AI [EB/OL]. (2018 – 04 – 03) [2023 – 09 – 21]. https://www.cigionline.org/articles/data-minefield-how-qi-prodding-goverhments-vethink-tvade-data/. MIT Sloan Management Review, 2018.

② Hudson, L. The Power of Bilateral Data Agreements in the 21st Century [J]. Journal of Cybersecurity, 2019, 12(1): 23-35.

高该区域的国际竞争力，使其成为数据流动的安全和可靠的目的地。

与此同时，双边协议针对两国间具体的需求和挑战提供了更加细化的解决方案。双边数据协议在 21 世纪的作用不容忽视。这些协议能够明确各自的权利和义务，为数据传输提供明确的法律框架，同时确保各方的利益和权益得到充分保障。通过这种方式，双边协议可以避免可能出现的法律冲突，促进国际数据交流的顺畅和安全。

三、多元利益主体的积极参与

除了政府，企业、公民社会和技术社区也应参与到数据治理的讨论中来。通过多方的参与，可以确保各种利益得到平衡，同时也可以从多种视角审视问题，寻找更加创新和高效的解决方案。① 数据治理不应被视为一个独立的、单一的政策领域，而应是一个多维度、跨部门和跨界别的共同努力。企业，作为数据的主要收集、处理和应用者，具有独特的实践经验和技术专长，可以为数据治理提供宝贵的行业洞察。它们对数据的商业价值、技术趋势和潜在风险有着深入的了解。因此，它们在制定策略和规范时可以提供实证支持和具体建议；公民社会组织，代表了公众的多样性和公众利益，其参与可以确保政策制定是开放的、透明的并且民主的。它们为弱势群体发声，并为政策制定者提供了与公众沟通的桥梁。此外，公民社会的独立性和中立性使其能够在许多敏感和复杂的议题上提供公正和客观的见解；技术社区，尤其是那些研究和开发前沿技术的专家和组织，为数据治理提供了创新的视角和技术方案。它们的专业知识对于理解新技术的影响，以及如何利用技术来支持数据治理是至关重要的。

四、刑事实体法与程序法的融汇

在当今全球化的数字化背景下，跨境数据流动已成为一种不可逆转的趋

---

① Leonard,S. The Role of Multi-stakeholderism in Data Governance [J] . Global Policy,2021,14(2):56-68.

势。在这一复杂的舞台上，数据，无论是精密的商务信息还是敏感的个人资料或其他类型，都在网络纵深之间，从一国迅速流向另一国。为了确保这种流动的合法性、安全性与效率，单纯依赖实体法或程序法已然不足，必须寻求这两大法律领域的协同融合，从而为跨境数据流动提供坚实的法律支撑。

实体法，主要关注法律关系的本质与实质性内容，为我们解答是"什么"这一根本性问题。例如，实体法制定了关于个人数据保护的核心规定，界定数据的所有权与其应被如何使用和储存的权利范畴。它构建了跨境数据流动的基础法律架构，描绘出了数据保护的基本原则蓝图，如数据的最小化原则、明确目的原则以及数据主体的基础权益。然而，仅有这些原则和架构是不足以面对实际操作的复杂性的；程序法回答"如何执行"的问题，为实体法中所规定的权利和义务提供详细的操作性解读。例如，数据的确切传输方式、跨境数据泄露事件的处理流程，以及如何响应国际间的数据请求等。因此，为了确保跨境数据流动的法律完整性与操作的连贯性，实体法与程序法的深度融合变得尤为关键。实体法为跨境数据流动铺设了基本的法律轨迹，而程序法则为该轨迹注入了实际操作的精确性与细节。综合而言，只有这两大法律领域的协同融合，才能为跨境数据流动提供稳固、细致且合规的法律保障。

第四节　小结

随着全球化和大数据时代的深入发展，跨境数据流动与法律约束问题日益显现其复杂性和多维度性。不同国家和地区，如欧盟和美国，基于其独特的历史、文化和经济背景，均有其独特的数据治理模式。这些模式为我们提供了一个珍贵的镜像，使我们得以洞察不同法域在处理相似问题时的策略与技巧。

正如本书前几章所探讨的，我国在面对跨境数据流动和刑事治理方面的挑战时，应当充分汲取外部经验，结合我国的实际情况，构建出符合我国特色的治理路径。未来，我国不仅需要强化其数据刑法保护机制，还需确保这些机制在全球范围内的可操作性与实效性。跨境数据流动与其对应的法律制约不仅是一个纯粹的法律议题，更涉及经济、社会和政治多方面的互动。希望本章能为读者提供一个全面、深入的视角，帮助大家更好地理解这一跨学科的议题，为我国的数据刑法保护构建与完善提供有力的理论支持与实践借鉴。

第五章
展望：从当下到未来
——生成式人工智能时代的数据权刑法保护

2022 年被认为是生成式人工智能元年，生成式人工智能掀起了新一轮人工智能浪潮，人工智能技术全面走向应用，现已成为社会生产生活的支柱性技术。然而，人工智能的发展，特别是生成式人工智能的出现带来了前所未有的不可确定、不可预知的风险。生成式人工智能本该是服务于人类的工具，现在却成为了侵害数据权的风险来源，那么生成式人工智能时代数据权刑法保护该何去何从？本章将立足于生成式人工智能的发展现状与未来趋势，回顾数据权的刑法保护历程，探讨"正在发生的未来"语境中数据权刑法保护议题。

第一节　未来已来：生成式人工智能时代

一、生成式人工智能时代的来临

1. 生成式人工智能概述

自 1956 年"人工智能"的概念首次被提出以来，其间，人工智能从虚化的代码逐渐转化成实践应用，已成为提高社会生产效率的重要技术。而生成式人工智能，现如今逐渐超越了人工智能最初的分析功能，开始拥有大幅度提升生产力的创造功能①，以一种全新的姿态，渗透到人类社会生产生活的方方面

---

① 盛浩．生成式人工智能的犯罪风险及刑法规制［J］．西南政法大学学报，2023，25（4）：122．

面，生成式人工智能时代已经到来。

那么，究竟何谓生成式人工智能？根据国家互联网信息办公室、国家发展和改革委员会、教育部、科学技术部、工业和信息化部、公安部、国家广播电视总局于 2023 年 7 月公布的《生成式人工智能服务管理暂行办法》第二十二条的定义，生成式人工智能技术，是指具有文本、图片、音频、视频等内容生成能力的模型及相关技术。简言之，生成式人工智能，是可以基于现有数据生成新颖内容的人工智能。与所有人工智能一样，生成式人工智能由机器学习模型提供支持，机器学习模型是基于大量数据进行预训练的超大型模型，通常被称为根基模型。除了内容创作外，生成式人工智能还用于提高数字图像的质量、编辑视频、快速构建制造原型、使用合成数据集增强数据等。[①]

2022 年 11 月 ChatGPT（Chat Generative Pre-trained Transformer）的横空出世，让世人被生成式人工智能这一全新的内容生成范式所惊艳。ChatGPT 是由美国人工智能研究实验室 OpenAI 研发的人工智能聊天机器人程序，依靠其强大的自然语言模型，不仅能通过自然语言与用户进行深度沟通，还能完成语言翻译、修改代码甚至文章写作等任务，颠覆了原有的人机交互体验的机械性与被动性。[②]

ChatGPT 作为生成式人工智能的最新代表产品，推动人工智能应用掀起新的时代浪潮，赋能数字经济的发展。在生成式人工智能时代，任何数据均具有价值，大数据是支撑人工智能应用的材料，而人工智能是大数据价值得以实现的主要技术[③]，二者相辅相成，推动人类社会迈入数据驱动的智能化社会（见图 5-1）。

---

① 亚马逊网.什么是生成式人工智能？［EB/OL］．［2023-09-21］．https://aws.amazon.com/cn/what-is/generative-ai/.
② 李振林,潘鑫媛.生成式人工智能背景下数据安全的刑法保护困境与应对——以 ChatGPT 为视角的展开［J］．犯罪研究,2023(2):25.
③ 高富平,张英,汤奇峰.数据保护、利用与安全——大数据产业的制度需求和供给［M］．北京:法律出版社,2020:4-5.

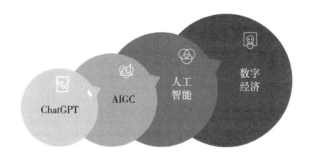

图 5-1　ChatGPT、 AIGC、人工智能与数字经济的关联

2. 从弱人工智能走向强人工智能

根据应用范围的不同，人工智能可以分为专用人工智能、通用人工智能、超级人工智能三类。这三个类别也对应于人工智能的不同发展层次。其中，专用人工智能又被称作弱人工智能，指的是通过感知以及记忆存储来实现特定领域或者功能为主的人工智能。这种人工智能技术正处于高速发展阶段，并已经取得较为丰富的成果，如阿尔法围棋（AlphaGo）。而通用人工智能，又称为强人工智能，是基于认知学习与决策执行能力可实现多领域的综合智能。ChatGPT 是为通用人工智能的典型代表。超级人工智能会在行动能力、思维能力和创造能力等方面全方位超越人类，但这还只是人类遥远的幻想。[1]

目前，人工智能正在从弱人工智能向强人工智能跃迁的过程中。ChatGPT 的出现就被视为通用人工智能的起点和强人工智能的拐点，引发新一轮人工智能革命，具有划时代意义。

二、生成式人工智能的监管现状

生成式人工智能广泛应用的背后是"人类自发投喂 AI"的全球总动员，这也引发了社会公众对其数据安全等方面的关注与质疑。2023 年 4 月 10 日中

---

[1] 赵秉志,詹奇玮. 现实挑战与未来展望:关于人工智能的刑法学思考［J］. 暨南大学学报(哲学社会科学版),2019,41(1):98-110.

国支付清算协会发布《关于支付行业从业人员谨慎使用 ChatGPT 等工具的倡议》，指出 ChatGPT 等生成式人工智能存在跨境泄露数据等法律隐患和风险。自 2023 年 3 月以来，意大利、德国先后宣布禁止使用 ChatGPT，限制 OpenAI 处理用户信息数据。①

面对生成式人工智能浪潮袭来，我国高度重视生成式人工智能的发展引导与监管，已在规范层面做好一定准备。我国于 2023 年 7 月发布《生成式人工智能服务管理暂行办法》，提出生成式人工智能产品或服务应当遵守的规范要求，保障相关技术产品的良性创新和有序发展。我国现已初步形成了一套较为完备的人工智能监管体系，关于人工智能监管相关主要法律规范如表 5-1 所示。

表 5-1 与人工智能监管相关的法律规范					
序号	规范层级	规范名称	发布机关	发布日期	施行日期
1	法律	中华人民共和国国家安全法	全国人大常委会	2015 年 7 月 1 日	2015 年 7 月 1 日
2	法律	中华人民共和国网络安全法	全国人大常委会	2016 年 11 月 7 日	2017 年 6 月 1 日
3	法律	中华人民共和国数据安全法	全国人大常委会	2021 年 6 月 10 日	2021 年 9 月 1 日
4	法律	中华人民共和国个人信息保护法	全国人大常委会	2021 年 8 月 20 日	2021 年 11 月 1 日
5	法律	中华人民共和国科学技术进步法	全国人大常委会	2021 年 12 月 24 日	2022 年 1 月 1 日
6	法律	中华人民共和国民法典	全国人民代表大会	2020 年 5 月 28 日	2021 年 1 月 1 日
7	法律	中华人民共和国电子商务法	全国人民代表大会	2018 年 8 月 31 日	2019 年 1 月 1 日
8	法律	中华人民共和国消费者权益保护法（2013 修正）	全国人大常委会	2013 年 10 月 25 日	2014 年 3 月 15 日

---

① 腾讯网.“围剿”ChatGPT 运动开启！欧洲多国禁用，企业也开始跳反 [EB/OL].（2023-04-05）[2023-09-21]. https://new.qq.com/rain/a/20230405A01U7B00.

序号	规范层级	规范名称	发布机关	发布日期	施行日期
9	法律	中华人民共和国反不正当竞争法	全国人大常委会	2019 年 4 月 23 日	2019 年 4 月 23 日
10	法律	中华人民共和国反垄断法（2022 修正）	全国人大常委会	2022 年 6 月 24 日	2022 年 8 月 1 日
11	法律	中华人民共和国未成年人保护法（2020 修正）	全国人大常委会	2020 年 10 月 17 日	2021 年 6 月 1 日
12	法律	中华人民共和国著作权法（2020 修正）	全国人大常委会	2020 年 11 月 11 日	2021 年 6 月 1 日
13	法律	中华人民共和国刑法（2020 修正）	全国人民代表大会	2020 年 12 月 26 日	2021 年 3 月 1 日
14	行政法规	互联网信息服务管理办法（2011 修正）	国务院	2011 年 1 月 8 日	2011 年 1 月 8 日
15	部门规范性文件	互联网新闻信息服务新技术新应用安全评估管理规定	国家互联网信息办公室	2017 年 10 月 30 日	2017 年 12 月 1 日
16	部门规范性文件	具有舆论属性或社会动员能力的互联网信息服务安全评估规定	国家互联网信息办公室 公安部	2018 年 11 月 15 日	2018 年 11 月 30 日
17	部门规范性文件	网络音视频信息服务管理规定	国家互联网信息办公室 文化和旅游部 国家广播电视总局	2019 年 11 月 18 日	2020 年 1 月 1 日
18	部门规章	网络信息内容生态治理规定	国家互联网信息办公室	2019 年 12 月 15 日	2020 年 3 月 1 日
19	部门规范性文件	关于加强互联网信息服务算法综合治理的指导意见	国家互联网信息办公室 中共中央宣传部 教育部 科学技术部 工业和信息化部 公安部 文化和旅游部 国家市场监督管理总局 国家广播电视总局	2021 年 9 月 17 日	2021 年 9 月 17 日

续表

序号	规范层级	规范名称	发布机关	发布日期	施行日期
20	部门规章	互联网信息服务算法推荐管理规定	国家互联网信息办公室 工业和信息化部 公安部 国家市场监督管理总局	2021 年 12 月 31 日	2022 年 3 月 1 日
21	部门规章	互联网信息服务深度合成管理规定	国家互联网信息办公室 工业和信息化部 公安部	2022 年 11 月 25 日	2023 年 1 月 10 日
22	部门规章	生成式人工智能服务管理暂行办法	国家互联网信息办公室 国家发展和改革委员会（含原国家发展计划委员会、原国家计划委员会）教育部 科学技术部 工业和信息化部 公安部 国家广播电视总局	2023 年 7 月 10 日	2023 年 8 月 15 日

资料来源：根据现行规范自行总结整理。

第二节　生成式人工智能带来的刑法理论挑战

一、生成式人工智能的犯罪风险

利用生成式人工智能实施犯罪早已不是想象。2023 年以来，绍兴市上虞区公安分局破获多起涉生成式人工智能案件，涉案情形包括行为人利用 ChatGPT 制作虚假视频、散布谣言，以及利用"AI 换脸"等技术实施盗窃、诈骗等犯罪。[①]

根据生成式人工智能在犯罪中所处的地位，可以将其可能涉及的犯罪类型划分为以下三类：一是行为人以生成式人工智能为犯罪对象而实施的犯罪；二是行为人以生成式人工智能为犯罪工具而实施的犯罪；三是生成式人工智能作

---

① 绍兴网. 绍兴警方侦破多起涉人工智能案件 [EB/OL]. (2023-09-07) [2023-09-21]. http://www.shaoxing.com.cn/xinwen/p/3064246.html.

为"犯罪主体"实施的犯罪。① 所谓的生成式人工智能作为"犯罪主体"是指生成式人工智能脱离人类设计和编制的程序，能够产生独立意识和意志、自主实施行为，如生成式人工智能可以"自发"地非法获取数据、分析数据甚至操纵数据，从而实施侵害数据法益行为②，引发开启"潘多拉魔盒"式的刑事风险。

目前司法实践中出现较多的生成式人工智能犯罪类型是以生成式人工智能为犯罪工具而实施犯罪的情形。但未来是否可能真实地出现生成式人工智能作为"犯罪主体"实施犯罪的情形，以及此类犯罪的刑法规制与刑事归责可能性仍有待讨论。

二、生成式人工智能进入刑法体系的障碍

1. 主体资格障碍

随着人工智能技术的发展，人工智能的独立性越发凸显，特别是 ChatGPT 这一类的生成式人工智能已经触及强人工智能的边缘，但其是否能拥有独立的刑事责任主体资格，学术界争议不休。有论者提出，如果人工智能可以超越程序的设计和编制范围，按照自主的意识和意志实施犯罪行为，那么其完全可能成为独立刑事责任主体。③ 同时，还是有不少论者持保守立场，认为人工智能不具备刑法主体地位，并且指出即使人工智能拥有自主意识，也不能将其认可为刑法上的主体，因为现代社会的法规范大多是建立在习惯、道德等自然法基础之上，这给人工智能的"法规范意识"提出了很高的要求，并非只要有"自主意识"就能实现。另外，在强度上，刑法上的"自主意识"要求行为主体能够做出正确的自我意思决定。生成式人工智能能否达到完全脱离程序设计

---

① 刘宪权. ChatGPT 等生成式人工智能的刑事责任问题研究 [J]. 现代法学,2023,45(4):115.

② 刘宪权. 生成式人工智能对数据法益刑法保护体系的影响 [J]. 中国刑事法杂志,2023(4):20-34.

③ 刘宪权,胡荷佳. 论人工智能时代智能机器人的刑事责任能力 [J]. 法学,2018(1):40-47.

者的自由状态并且正确作出决定仍存疑。① 本书认为，从现阶段来看，生成式人工智能成为刑法主体仍然有相当大的障碍，即使在强人工智能时代也未必可行。

2. 罪过认定障碍

刑法规范注重对行为人故意或者过失这种罪过形态的判断，而且，刑法强调对故意和过失的判断不仅是事实层面，还有规范层面的认定，这种规范层面的认定要求行为人应当对行为的性质、后果以及作用有所认识。② 达到强人工智能水平的生成式人工智能虽然可以自主生成与创造内容，但其难以认识到其行为的社会评价与规范评价，从而不具备刑法所要求的罪过形态。

3. 刑罚承担障碍

生成式人工智能进入刑法体系除了前述犯罪论视域下的主体资格障碍、罪过认定障碍问题，在刑罚论中也同样障碍重重。一方面，生成式人工智能不具备刑事责任能力。具备刑事责任能力要求行为主体具有控制与辨认能力，虽然具有强人工智能水平的生成式人工智能可能具有上述能力，但这并非自主的控制与辨认能力，而是被动的，其来源依旧是人类。另一方面，对生成式人工智能施加刑罚并不能达到刑罚的效果。刑罚设计的基础是受刑主体要有感知痛苦的能力，受刑主体为了避苦求乐而做出适法行为，如果生成式人工智能作为受刑对象不具有感知痛苦的能力，通过科处刑罚从而实现预防犯罪的效果也无从谈起。③

综上所述，现代刑法制度只是为人而设置的，它是人类社会有组织反应犯罪的"人造物"，是人类社会控制犯罪的"高级"手段，是人类治理社会的重

① 袁彬. 人工智能的刑法主体地位反思——自我意思决定、平等主义与刑法技术措施 [J]. 上海政法学院学报(法治论丛),2019,34(3):103-113.
② 李立丰,王俊松. 人工智能嵌入刑法体系的障碍与定位——兼论刑法教义学体系下风险社会理论的反思 [J]. 法治研究,2023(1):137.
③ 牛天宝. 否定与建构:人工智能时代的刑法应对——人工智能机器人侵害法益相关刑事责任分析 [J]. 西南政法大学学报,2020,22(1):99.

要工具与制度供给措施。① 根据现代刑法理论，只有人才能为自己的刑事不法行为承担责任，生成式人工智能的本质仍然是人所创造的物，即使其能够自主创造内容，也不能称之为"人"，所以它无法作为主体进入现有的刑法体系，只能作为客体被纳入其中。

第三节 刑法面向生成式人工智能的理论应答与展望

一、数据权刑法保护的价值立场演变

生成式人工智能时代之下，数据几乎成为这个时代的"生命之源"，那么数据权利刑法保护的价值立场又该走向何处？在讨论这一问题之前，有必要先回顾与检视传统刑法走向现代刑法的演变之路，从而审视生成式人工智能时代下数据权刑法保护的进路。

自 20 世纪 60 年代以来，随着社会的发展变化和"风险社会"理论的兴起，自启蒙时代形成的传统刑法开始向现代刑法转变。现代刑法作为预防刑法，其所采用的框架已经不同于传统刑法，这一转变原因在于现代社会出现了现代风险，刑法作为社会风险管理体系中的一种手段，必须要回应新的风险形式。现代刑法的出发点在于回应社会现实需要，不再沉溺于传统社会的契约理论或刑法本身的先验理念中。因此，现代刑法对传统刑法的发展实现了从报应到预防，从形式到实质的范式转变。②

大数据时代，对数据的刑事治理也成为现代刑法一个新兴的组成部分。在大数据时代的初期，数据的价值火花还未完全迸发，一般而言，信息数据的权利主体只有公民个体，刑法注重的是对公民个人信息、数据相关权利的保护，具体表现为适用侵犯公民个人信息罪从而打击侵犯公民个人信息所附带的人身

---

① 高铭暄,孙道萃. 总体国家安全观下的中国刑法之路［J］. 东南大学学报(哲学社会科学版),2021(2):59.
② 江溯. 网络刑法原理［M］. 北京:北京大学出版社,2022:9-22.

权利、财产权利的行为。随着网络信息技术的迅速发展，数据价值被不断挖掘，数据成为了具有生产价值的数据要素，公民个体开始自觉或不自觉地让渡自己的数据与信息相关权利，数据主体不仅包括公民个体，还包括企业等市场主体与政府主体。在这一阶段，数据的商业价值凸显，数据在高速流通与交易，刑法对数据权的保护需要侧重于数据背后的财产权利的保护，同时，由于数据的流转涉及公共秩序、国家安全等多元法益，刑法也必须重视数据安全与秩序的维护。放眼当下并展望未来，生成式人工智能时代，生成式人工智能可能从数据客体转变为数据主体，刑法对此又该如何回应？基于生成式人工智能带来的巨大数据刑事风险，刑法要回应这一新的风险形式，可能需要进一步加强刑法的预防模式，积极应对人工智能风险，在法益遭受侵害之前就对相关危害行为予以规制[1]，从而维护数据的安全与秩序。

二、生成式人工智能时代的数据权刑法保护对策

1. 理念层面的坚持

生成式人工智能技术带来前所未有的不确定性风险，但也蕴藏无法企及的未来可能性。对于生成式人工智能带来的刑法理论挑战，当代刑法的有效回应，首先要在理念层面回归刑法的价值定位与功能安排的本源，既需要坚持理性的审慎态度，也要保持必要的刑法学想象力，以人类命运共同体思想为指导，作出前瞻性的回应。[2]

（1）坚持紧随时代的理念。

在技术背景和社会条件急速变化的时代洪流中，刑法作为社会底线守护者，面对新型的生成式人工智能风险，刑法也需要适应时代，并适时地有所作为。如果缺少前瞻性的刑法理念，在人工智能发展之初就对其置之不理，那么，我们将以毫无准备的理论空白来面对以 ChatGPT 为代表的新一代人工智

---

① 李文吉. 论人工智能时代的预防性刑法立法 [J]. 大连理工大学学报(社会科学版),2020,41
(5):96.
② 孙道萃. 人工智能与刑法：挑战和回应 [M]. 北京:中国政法大学出版社,2023:12.

能。面对日新月异的高新技术，刑法理论的目光绝不能仅仅局限于以往或当下，而是应当着眼于未来，科学且合理地推进刑法理论的进步与更新。[①] 只有明确了紧随时代的前瞻性理念，刑法才能以正确的姿态来迎接生成式人工智能带来的挑战，发挥其保护公民权益、维护社会稳定的积极功能。

（2）坚持以人为本的理念。

近现代刑法确立了犯罪主体概念，自然人自始至终是犯罪主体的绝对主导类型。自然人具有相对的意志自由，以及辨认能力与控制能力，是实施犯罪、承担刑事责任和接受刑事处罚的哲学基础与法律基础。单位或法人拥有的是法律拟制犯罪能力、承担刑事责任能力。[②]

如果生成式人工智能替代人类成为法律主体，人的自由价值问题或将不复存在。虽然刑法需要适应时代，但需要明确的是，技术水平的突破并不等于价值观念的逾越[③]，无论数字技术的发展走向何处，如法国哲学家康德所言，人永远是目的而不是工具，因此，刑法还应该坚守"以人为本"的基本理念，坚持将人权保障的刑法基本功能，不能让刑法的立足根基遭受侵蚀。

（3）坚持人类命运共同体的理念。

生成式人工智能技术逐渐渗透至全球范围内生产生活的各个领域，不可否认的是，其具备改变人类共同命运的影响力。基于数据空间的无形性、虚拟性和无国界性以及人工智能技术的迅速普及，生成式人工智能所带来的刑事风险与治理失序风险可在全球范围内迅速扩散和蔓延。事实上，在生成式人工智能的浪潮中，当今全球范围内行为体的互动和融合愈加深入，形成休戚与共的命运共同体关系。面对人工智能技术的威胁，任何一个国家都无法置身事外。正是基于人工智能技术风险外溢所呈现出的新特点，以国家为边界的传统的封闭

[①] 刘宪权. ChatGPT 等生成式人工智能的刑事责任问题研究 [J]. 现代法学,2023,45(4):110-125.

[②] 孙道萃,王晓杰. 刑法面向人工智能的理论应答 [J]. 学术交流,2022(12):121.

[③] 赵秉志,詹奇玮. 现实挑战与未来展望:关于人工智能的刑法学思考 [J]. 暨南大学学报(哲学社会科学版),2019,41(1):108.

式治理不再符合人工智能治理的发展趋势。① 中国始终秉持人类命运共同体理念，以高度负责的态度参与人工智能全球合作与治理。② 生成式人工智能时代，数据权刑法保护也应当贯彻人类命运共同体理念，加强数据主权的合作，在促进建立全球数据治理框架、强化区域合作与双边协议的基础上推动统一的国际人工智能刑事治理规则的构建。

2. 理论层面的思考

基于前述以人为本的刑法理念，本书认为，刑法还是应该坚持以人为中心的法益保护与风险规制理念，不应将生成式人工智能作为刑法主体，使其承担刑事责任。那么，面对生成式人工智能，数据权刑法保护在刑法理论层面应当如何应对？本书认为，刑法规制的起点还是应当回到生成式人工智能背后的人，即生成式人工智能的设计者、制造者与利用者这三类人身上，从而控制生成式人工智能带来的刑事风险。

通过对间接正犯理论进行修正，可使其适用于对生成式人工智能背后的行为人的刑法规制。刑法理论中，间接正犯是指行为人利用他人作为中介实施犯罪行为，其所利用的他人由于具有某些情节而不负刑事责任，间接正犯对于其通过他人所实施的犯罪行为完全承担刑事责任的情况。间接正犯理论中被利用的他人相当于是被利用的工具，基于生成式人工智能既具有工具的属性还具有人的智能属性，可以将生成式人工智能拟制为间接正犯中被利用的他人，从而实现通过法律拟制将生成式人工智能纳入刑法体系的效果。对于设计、生产和使用生成式人工智能的主体，因为生成式人工智能只是人类实施犯罪行为的工具，即便生成式人工智能是自控型的，也可以利用和解释间接正犯理论来对生

---

① 张东冬．现实挑战与未来展望：人类命运共同体理念下的全球人工智能治理：现实困局与中国方案 [J]．社会主义研究,2021(6):165-167.
② 新华网．中国代表：人工智能问题凸显构建人类命运共同体的重要性、必要性、紧迫性 [EB/OL]．（2023-07-19）[2023-09-20]．http://www.news.cn/world/2023-07/19/c_1129756728.htm.

成式人工智能的设计者或生产者，又或者是使用者进行刑事归责。[①] 因此，本书认为，修正刑法中既有的间接正犯理论，可以使人工智能恰当地进入现有刑法理论框架，从而有效规制生成式人工智能带来的刑事风险。

第四节 小结

生成式人工智能时代的道路上没有戈多，我们已在路上，但生成式人工智能时代并不应该是一个完全充斥着算法、数据和机器的冰冷世界，人类的作用不应该被完全替代，数据给我们的永远是参考答案，而不是最终答案。[②]

刑法作为回顾性法律，也需要对未来可能产生的风险进行展望。[③] 生成式人工智能的出现，为数据权刑法保护提出了新的命题，探索生成式人工智能犯罪的刑法理论问题，既是立足于当下的新挑战，也是展望未来的新思考。刑法对此还是应当坚持罪刑法定的总体底线、以人为本的基本理念以及人类命运共同体的指导思想，同时保持前瞻性，可以尝试通过对已有刑法理论的修正对生成式人工智能造成的数据刑事风险加以控制，从而实现生成式人工智能时代下的数据安全与秩序的双重维护。

---

① 储陈城. 人工智能时代刑法归责的走向——以过失的归责间隙为中心的讨论［J］. 东方法学，2018（3）：28.
② 维克托·迈尔-舍恩伯格，肯尼思·库克耶. 大数据时代生活、工作与思维的大变革［M］. 盛杨燕，周涛，译. 杭州：浙江人民出版社，2013：233.
③ 储陈城. 人工智能时代刑法归责的走向——以过失的归责间隙为中心的讨论［J］. 东方法学，2018（3）：27.